NEW CLASSIC
SERIES

謙遜

アンドリュー・マーレー 著
松代 幸太郎 訳

いのちのことば社

HUMILITY

by

Andrew Murray

目次

序

謙遜は、被造物であり、罪人であり、聖徒である私たちにふさわしいものです。私たちを謙遜に向かわせる動機には、次の三つがあります。

第一の動機。それは、謙遜を、天の軍勢のうちに、堕落していない人間のうちに、人の子としてのイエスのうちに見ることです。第二の動機は、謙遜が、堕落した状態の私たちに訴え、被造物としての正しい立場に返る唯一の道をさし示すことによります。第三の動機は、私たちに与えられている恩寵の奥義が、次のように教えていることです。すなわち、あがないの愛の圧倒的な偉大さのうちに私たちが自分自身を失うとき、謙遜は永続する幸いと神への賛美を完成するものとなる、ということです。

概して教会では、第二の動機だけが前面に出されており、もし謙遜であり続けようとするなら罪を犯し続けなければならない、などという極端なことも語られています。また、自責の力こそが謙遜の秘訣である、と考えている人もいます。

信仰生活が残念ながら損なわれてきたのは、次のような場合です。神にすべてとなっていただくために、キリスト者が被造物としての互いの関係において、自分をなきに等しい者とすることが最も自然で美しく、祝福されたことであると教え導かれていない。または、人をへりくだらせるものは罪ではなく恩寵なのであり、へりくだる人は、その罪深さを通して神に――神として、創造者として、あがない主としてのすばらしい栄光をもって――占領された人であるということが、明らかにされていない場合です。

本書における黙想では、被造物としての私たちにふさわしい謙遜に注目します。それは、謙遜と罪の関係が、教会の教えをとおして十分に説かれているからだけでなく、信仰生活の充実のためには、それ以外の面が強調されることが不可欠だからです。もしイエスが、ご自身のへりくだりにおいて私たちの模範になってくださるなら、次のような原則を理解しなければなりません。それは、その中にイエスの謙遜が根ざしていること、また、私たちがイエスとともに立つ共通の場が見いだされること、そして、私たちがイエスに似たものとなる過程が示されていることです。

もし神の前だけでなく、人に対しても真に謙遜になろうとするなら、また、謙遜が喜びとなるべきなら、このことを知らなければなりません。それは、謙遜が罪のための恥のしるしであるだけでなく、すべての罪とは全く別な、天国の、そしてイエスの美しさと祝福を着せられたものであることを。

私たちは次のことを理解するでしょう。すなわち、イエスが仕える者の姿をとることでご自身の栄光を見いだされ、「あなたがたの間で先頭に立ちたいと思う者は、皆のしもべになりなさい」と言われるとき、「皆のしもべとなり助け手となることほど、きよく天的なことはない」という幸いな真理を悟るのです。自分の立場を認めている忠実なしもべは、主人や客の必要を満たすことに真の喜びを見いだすのです。

謙遜が悔恨よりもはるかに深いものであることを知り、そして謙遜を、イエスのいのちにあずかることとして受け入れるとき、私たちは学び始めるでしょう。すなわち、それが私たちの真の気高さであること、そして、すべての人のしもべとなることによってそれを実証することは、神のかたちに創造された私たちにとって最高の成就であるということを。

私が過去の経験をふり返るとき、あるいはキリスト教会を見回すとき、イエスの弟子としての明白な特質として謙遜が求められていないことに、驚きあきれるのです。教会の説教において、家庭や社会生活での日々の交わりにおいて、他のキリスト者との交わりにおいて、奉仕のわざの実践において――ああ、そこには、謙遜が根本的に重要な徳性として、恩寵が成長しうる唯一の根源として、イエスとの真の交わりの唯一不可欠の条件として重んじられていないという証拠が、何と多くあるでしょうか。

より高い聖潔を求めていると主張している人々が、そう言っているわりには謙遜が増し加わっていない――そう指摘されています。このような非難が真実かどうかは別として、熱心なキリスト者は、優しいへりくだりこそキリスト者として認められる主要な特徴であることを、実証しなければなりません。

一　謙遜＝被造物の栄え

「(彼らは) 自分たちの冠を御座の前に投げ出して言った。『主よ、私たちの神よ。あなたこそ栄光と誉れと力を受けるにふさわしい方。あなたが万物を創造されました。みこころのゆえに、それらは存在し、また創造されたのです。』」

(黙示録四・一〇、一一)

神が宇宙を創造されたのは、被造物をしてご自身の完全と恵みにあずからせ、そうすることによって、神の愛と知恵と栄光を顕示するという一つの目的のためでした。神は、被造物が受け入れうるかぎりの善意と栄光を伝達することによって、被造物の中に、また被造物を通してご自身を啓示することを望んでおられたのです。

しかし、この伝達というのは、被造物自身の中に所有することのできる類のもの、被造物自身が管理し、処分できるような類のいのちや善意を与えることではありません。決してそうではないのです。神は、常に生きておられ、常に存在しておられ、常に働かれるお方であり、その力あることばによって万物を保ち、ご自身のうちにすべてのものが存在するお方です。被造物と神との関係は、不断の、絶対的な、普遍的な依存関係であり、それ以外の関係ではありえないのです。

神はかつて、ご自身の御力によって創造のわざをなされました。その同じ御力によって、神は常に万物を維持しなければならないのです。被造物は、その起源（最初に存在したとき）をふり返り、すべてを神に負っていたことを承認しなければならないだけではありません。現在においても、永遠にわたってても、被造物の主要な関心事、その最高の道徳、その唯一の幸福は、自らを空《から》の器（神が住まわれ、その御力と善意を顕示することができる空の器）として、神の御前にさし出すことです。

神が授けられるいのちは、一度かぎりで与えられてしまうものではありません。その強大な御力の不断の働きによって、瞬間瞬間に、継続的に与えられるものなのです。神に対する全面的依存の場である謙遜は、その本質上、被造物の第一の義務、最高の道徳であり、すべての道徳の根源なのです。

したがって、高ぶり（謙遜の喪失）は、すべての罪悪の根源であるのです。堕落した御使いが不従順となり、天の光から外の暗やみに投げ落とされたのは、自己満足の思いで自分自身を見つめ始めたときでした。同様に、蛇が自身の高ぶりの毒（神のようになりたいという願い）を私たちの最初の両親（アダムとエバ）の心に吹き入れたとき、彼らもまたその高い地位から、人が沈んでいるみじめな場所に落ちて行ったのです。天においても地においても、高ぶり、すなわち自己高揚は、地獄の門であり、始まりであり、のろいなのです。(注1)

次のことが言えます。失われた謙遜の回復、被造物の神に対する最初で唯一の、真の関係への復帰以外に、私たちのあがないはないと。そして、イエスは、謙遜をこの地上に返すために来られたのです。私たちを謙遜にあずかる者とし、それによって救うために来られたのです。

天においてイエスは、ご自身を低くして人となられました。私たちがイエスに見る謙遜は、天においてイエスをとらえていたのです。謙遜は、天からイエスをこの地上にもたらしました。イエスは謙遜を天から携えて来られました。この地上において、「自らを低くして、死にまで……従われ」ました（ピリピ二・八）。イエスの謙遜は、その死を価値あるものとしました。

このようにして、イエスは私たちのあがないとなられたのです。今、イエスが与えられる救いは、ご自身の謙遜を私たちに伝達する以外の何ものでもないのです。イエスの謙遜とは、イエスのいのちと死、そのご性質、神との関係とあがないのみわざの基礎であり、根源です。イエス・キリストは、被造物である人間と同じかたちになり、ご自身の全き謙遜の生涯により、人間の運命を代わってになない、かつそれを成就されたのです。イエスの謙遜は、私たちの救いです。イエスの救いは、私たちの謙遜です。

それゆえ、救われた人々、すなわち聖徒の生涯は、罪からの解放と、初めの状態への完全な回復のしるしを帯びたものでなければなりません。神と人に対する聖徒のすべての関係は、全き謙遜によって特徴づけられたものでなければなりません。これがなければ、真の意味において、神の御前にとどまっていることはできません。また、神の恩恵と御霊の御力を経験することもないのです。これなくして、永続的な信仰も、愛も、喜びも、力もないのです。

謙遜は、神から与えられる諸徳が根ざす唯一の土壌です。謙遜の欠如こそ、すべての欠陥と失敗を説明して余りあるものです。謙遜は、他の諸徳と同一水準の徳ではありません。神から与えられるすべての徳の根源なのです。なぜなら、謙遜のみが、神の御前に正しい態度をとらせるのであり、神のすべてのみこころがなされることを許容するからです。

神は、私たちを理性をもった存在として造られました。ですから、神の命令の性質とその絶対的必要についての洞察が深ければ深いほど、私たちは、よりたやすく、また十分に、その命令に服従するのです。謙遜への神の招きは、教会においてあまりにも軽視されています。それは、謙遜の本質と重要性がほとんど理解されていないからなのです。それは、私たちが神のみもとに携えて行くものではありません。また、神が私たちにお授けになるものでもないのです。それは、単に、私たちが全く取るに足らない者であるとの意識です。それは、神がすべてのすべてであられることを私たちが悟ったときもたらされるものです。そして、取るに足りない者であるという意識において、私たちは神がすべてであられることを許容するのです。被造物である私たちがこの崇高さを悟り、意志と知力と感情とをもって、神のいのちと栄光が自分の中に働き、神を顕示する器となることに同意するとき、謙遜とは、単純に被造物としての地位を承認し、自分を神に明け渡すことであると悟るでしょう。

熱心なキリスト者の生活（聖潔を追い求め、聖潔を表している人々の生活）において、謙遜はその正しさの主要な特徴であるべきです。しかし、それとは異なることがしばしば言われています。その主な理由は、教会の教えと模範において、謙遜が当然占めるべき最も重要な地位を占めてこなかったからではないでしょうか。このことはまた、罪は謙遜への動機としては強いものであるけれども、それよりもさらに広い、さらに強い動機があるということではないでしょうか。すなわち、御使いをして、イエスをして、天上の聖徒をして、この上なくへりくだらせる動機があるという真理、被造物相互の関係の第一の主要なしるし、被造物の祝福の秘訣は、神がすべてのすべてとなられることを許容する謙遜（自分がなきに等しい者であることを承認すること）にあるという真理を、おろそかにしているためではないでしょうか。

私自身もそうなのですが、多くのキリスト者が、長いあいだ主を知るうえで、大切なことを知らずにきたのです。つまり、柔和と謙遜が、主イエスの場合と同様に、弟子にとっても際立った特徴であるべきだということを。そして、多くの人が、この謙遜はひとりでにもたらされるものでなく、特別の願望と祈り、信仰と実践の対象とされなければならないと、告白しているのです。

私たちはみことばを学ぶとき、イエスが何と明確に、何としばしば、この点に関する教訓を与えられたか、また、弟子たちがその理解において何と鈍かったかを悟るのです。

黙想を始める前に、高ぶりほど人間にとって自然で油断のならないものはなく、また自分たちの目から隠され、これほど困難で危険なものはないということを認めましょう。断固として、また忍耐強く神とキリストを待ち望むことによってのみ、自分がいかに謙遜に欠け、求めているものを獲得することにおいても無力であるかを知るのです。私たちのたましいがキリストのへりくだりに対する愛と賞賛に満たされるまで、キリストのご人格を学びましょう。自らの高ぶりと、それを取り除くことへの無気力さに圧倒されるとき、イエス・キリストご自身が、そのすばらしいいのちの一部としてこの謙遜を与えるために、私たちのうちに入って来られることを信じようではありませんか。

二　謙遜＝あがないの奥義

「キリスト・イエスのうちにあるこの思いを、あなたがたの間でも抱きなさい。……ご自分を空しくして、しもべの姿をとり……自らを低くして、死にまで……従われました。それゆえ神は、この方を高く上げて……」

（ピリピ二・五～九）

どのような木も、根がなければ生長することはできません。木は、その存在の全期間を通じて、存在を与えた種子のいのちを生きるだけです。この真理の、第一のアダムと第二のアダムへの適用を十分理解するなら、それは必然的に、イエスにあるあがないの必要と本質を知るうえで大きな助けとなります。

あがないの必要。サタン（彼はその高ぶりのために天国から追放されました。その全性質は高ぶりでした）が、エバの耳に誘惑のことばをささやいたとき、そのことばには地獄の毒がありました。そして、エバが耳を傾け、神のように善悪を知る者になりたいという願いと意志を持ったとき、毒は彼女のたましいと血といのちの中に入り、永遠にエバの謙遜と神への依存（私たちの永遠の幸福となったであろうと思われるもの）を破壊してしまいました。エバから出た人類のいのちは、すべての罪、すべてののろいのうちでも最も恐ろしいサタン自身の高ぶりという毒によって、その根源まで腐敗させられてしまいました。

この世のすべての悲惨、戦争と流血、利己主義と苦しみ、野心と嫉妬、失意とみじめな生活、日々の不幸（これらの起源はすべてのろわれた極悪の高ぶり）が、私たちにもたらされたのろいの中にあります。あがないを必要にしたものは高ぶりです。私たちが、他の何ものにもまさってあがないを必要としているのは、この高ぶりのためです。そして、あがないの必要性についての私たちの洞察は、自分に入り込んでいる高ぶりの力の恐るべき性質をどれだけ知っているかにかかっています。

木は根なしには生長できません。サタンが地獄からもたらし、人間のいのちの中に入れた力は、毎日、毎時、世界中いたる所で強く働いています。人々はそのために苦しんでおり、それを恐れ、それと戦い、それから逃れようとします。しかし、その恐ろしい支配権はどこから来るかを知らないのです。人々が、どこで、あるいはどのようにして征服すればよいかを知らないのは、無理もないことです。高ぶりは、その根源と力を、恐ろしい霊的な力（それは私たちのうちだけでなく外にもあります）の中に持っています。したがって、高ぶりを自分自身のものとして告白し、嘆き悲しむだけでなく、それがサタンから来ていることを知る必要があるのです。

もしこのことから、高ぶりを自力で征服して追放することに絶望するなら、私たちはそれだけ早く、あの超自然的な力（その中にのみ解放が見いだされる超自然的な力）、すなわち、神の子羊のあがないに導かれるでしょう。私たちのうちの、自我と高ぶりに対する絶望的な戦いは、その背後にある暗黒の力を考えるとき、さらに絶望的なものになってしまうかもしれません。この全くの絶望が、サタンとその高ぶりを追放するために、私たちを、これまで以上にふさわしい者として備えるのです。私たちの外なる力といのち、すなわち神の子羊によってもたらされた天国の謙遜を知り、受け入れるために、です。

木は根なしには生長できません。私たちのうちなる罪の力を知るために、第一のアダムとその堕罪に注目する必要があります。しかし、それとともに、第二のアダムとその力（高ぶりの力と同様に、現実的、永続的、圧倒的な謙遜のいのちをもたらすことができる力）を十分知る必要があります。私たちはいのちをアダムから受け、アダムのうちに持っていると同様に、否それよりもさらに真実に、キリストから受け、キリストのうちに持っているのです。

私たちは「キリストの中に根ざし」て歩むべきです。そして「かしらに堅く結びついて」、「からだ全体は神によって成長させられるのです」（コロサイ二・一九参照）。受肉において、人間性の中に入った神のいのちは、私たちがその中に立ち、そして成長すべき根です。私たちのうちに日々働いている力は、受肉のときに働き、復活に至るまで働いた同じ全能の力です。私たちの唯一の必要は、キリストにおいて、いま私たちのものとして啓示されているいのち、そして私たちの全存在を所有し支配しようとして私たちの同意を待ち受けているいのちを、学び、知り、そして信頼することなのです。

この点から見れば、キリストがどのようなお方か、彼を真にキリストとしているものは何か、特に主要な品性（あがない主としての全人格の根源であり、神髄であるもの）は何かについて正しい考え方を持つことは、測り知れないほどの重要性を持っています。その答えはただ一つ、「それはキリストの謙遜」です。

キリストの受肉は、その天的謙遜、すなわちキリストがご自身をむなしくし、人となられたこと以外の何でしょうか。キリストの地上の生涯は、謙遜、すなわちキリストがしもべのかたちをとられたこと以外の何でしょうか。そして、彼のあがないは、謙遜以外の何でしょうか。「キリストは……自らを低くして、死にまで……従われ」ました。そして、その昇天と栄光は、王座にまで高められ栄光を冠とされた謙遜以外の何でしょうか。「キリストは……自らを低くし……それゆえ、神は、この方を高く上げて……。」キリストが御父とともにおられた天において、その誕生において、そのご生涯において、その死において、彼が王座につかれることにおいて、すべては謙遜であるのです。謙遜以外の何ものでもないのです。
キリストは、人間性に具体化された神の謙遜です。永遠の愛が私たちを獲得し、私たちに仕え、私たちを救うため、自らを低くして柔和と親切の衣をまとったのです。神の愛とへりくだりが、神を万人に恩恵を与える者、万人の助け手、万人に仕える者とするように、キリストは必然的に謙遜の具現者であられたのです。そして、今もなお御座にあって、神の柔和でへりくだった子羊であられるのです。
もし、これまで述べた事柄が木の根であるとすれば、その根の性質は、その木のすべての枝と葉と実において見られなければなりません。もし謙遜が、イエスのご生涯における第一の、そしてすべてを包含するご性質であったとすれば——もし謙遜があがないの奥義であるとすれば——私たちの霊的生活の健康と力は、全面的に次のことにかかっています。すなわち、私たちがこの謙遜の徳を第一のものとするかどうか、そして、謙遜を主イエスをほめたたえる第一の理由として、主から求める第一のものとし、そのために他のすべてを犠牲にするかどうかにかかっているのです。(注2)
キリストの生涯の根本がおろそかにされ、知られていないとき、信仰生活がしばしば弱々しく実を結ばないものになることは驚くことでしょうか。キリストがその中に救いの喜びを見いだし、もたらされるもの（謙遜）が求められないとき、救いの喜びが感じられないことに何の不思議があるでしょう。

謙遜――それは自我の終わり、自我の死にほかなりません。それは、イエスがされたように、すべての人間的名誉を放棄し、神のみから来る誉れを求めます。それは、神がすべてとなられ、主のみが高められるために、自らを全くなきに等しいものとみなします。しかし、このような謙遜を、どのような喜びにもまさって私たちがキリストに求める者になり、どのような価を払っても歓迎する者となるまで、キリスト教がこの世を征服する望みはありません。

もし読者の注意が、自分自身の、あるいは身近な人の謙遜の欠如に向けられたことがないとすれば、もし読者が、キリストの御名をもって呼ばわる人たちのうちに、神の柔和でへりくだった子羊の精神が見られるかを考えたことがないとすれば、私は声を大にして嘆願します。愛の完全な欠如、人々の必要・気持ち・弱さに対する無関心、すべての鋭い、あるいは早まったさばきや発言（これらのことは、あまりにもしばしば、率直だとか正直だとかいう口実のもとになされているのです）、短気、性急さ、いらだちなどの形で現れる、すべての苦々しさ、疎外――こうしたもののすべての根源は、ほかならぬ高ぶり（絶えず自分自身を求めている高ぶり）にあることを考えていただきたいと思います。そうすれば、皆さんの目は開かれて、暗黒の（悪魔的と言ってはいけないでしょうか）高ぶりが、至る所（聖徒たちの集まりも例外ではありません）に忍び込んでいるのを見るでしょう。

自問自答していただきたいのです。もし自分自身において、また仲間の聖徒やこの世に対して、イエスの謙遜をもって、真に、そして永久に行動するならば、どのような結果がもたらされるかということを。そして、私たちの心からの叫びが、昼も夜も、「おお、私自身のうちに、そして私の周囲のすべての人々のうちに、イエスの謙遜を与えてください」でなければならないことを、知っていただきたいのです。皆さまにお願いしたいことは、正直になって自分自身の謙遜の欠如（それはキリストのご生涯とそのあがないの性格全体によってあらわになります）に心を留めていただくことです。そうすれば、キリストがどのようなお方であられ、救いがどのようなものであるかを、これまで全く知らなかったのではないか、と感じ始めるでしょう。

主にある友よ！　イエスの謙遜を学びなさい。これが、あなたのあがないの奥義であり、隠れた根であるのです。日ごとに、さらに深く、その中に沈みなさい。神があなたにお与えになったこのキリストが、謙遜によって救いのみわざをなされたように、あなたのうちに住み、働くためにお入りになり、御父が望んでおられるような者にしてくださることを、心の底から信じなさい。

三　イエスのご生涯における謙遜

「わたしはあなたがたの間で、給仕する者のようにしています。」

（ルカ二二・二七）

ヨハネの福音書には、主イエスの内的生活があらわにされています。イエスは、しばしばご自身と御父との関係、ご自身が導かれている動機、行動と精神について語っておられます。humble（謙遜な）という語は、ヨハネの福音書には一度も出てきませんが、聖書の中で、ヨハネの福音書ほどイエスの謙遜が明確に表されている書はありません。イエスの謙遜が、神がすべてであられることについての単純な同意にほかならないこと、またそうすることによって、被造物は自らを神の働きにのみゆだねることができることは、すでに述べました。

イエスは、天における神の御子としても、地上における人の子としても、全き従属の地位をとり、神の当然受けるべき誉れと栄光を神にお与えになりました。そして、イエスがしばしば教えていた「自分を低くする者は高くされる」ということは、ご自身において真実となりました。なぜなら、「キリストは……自らを低くして……それゆえ神は、この方を高く上げて……」と記されているからです（ピリピ二・六～九）。

私たちの主が、ご自身と御父との関係について語られたことばに耳を傾けてください。そして、イエスがご自身について、not（……でない）や nothing（何事も……ない）ということばを使っておられることに注意してください。パウロは、「わたしではなく」ということばで彼のキリストとの関係を表現していますが、これはキリストがご自身の御父との関係について述べているのと全く同じ精神に基づいています。

「子は……自分から何も行うことはできません」（ヨハネ五・一九）
「わたしは、自分からは何事も行うことができません。……わたしのさばきは正しいのです。わたし自身の望むことを求めない……からです」（ヨハネ五・三〇欽定訳）
「わたしは人からの栄誉は受けません」（ヨハネ五・四一）
「わたしが……来たのは、自分の思いを行うためではなく……」（ヨハネ六・三八）
「わたしの教えは、わたしのものではなく……」（ヨハネ七・一六）
「わたしは自分で来たのではありません」（ヨハネ七・二八）

「わたしが自分からは何もせず……」（ヨハネ八・二八）
「わたしは自分で来たのではなく、神がわたしを遣わされたのです」（ヨハネ八・四二）
「わたしは自分の栄光を求めません」（ヨハネ八・五〇）
「わたしがあなたがたに言うことばは、自分から話しているのではありません」（ヨハネ一四・一〇）
「あなたがたが聞いていることばは、わたしのものではなく」（ヨハネ一四・二四）

これらのみことばは、キリストの生涯とみわざの最も深い根源を開き、全能なる神が、キリストを通して力強いあがないのみわざをなすことができたのはどのようにしてであったかを、私たちに語っています。また、キリストが、御子としてのふさわしい心の状態をどのように考えておられたかを示しています。そして、キリストが成就し、与えておられるあがないの本質と、それに基づく生涯がどのようなものであるかを教えています。

すなわち、神がすべてであられるために、キリストはなきに等しい者であられたということです。キリストは、父なる神が彼のうちに働くために、ご自身、その意志、また力を、全面的に明け渡したのです。力、意志、栄光、宣教（その働きと教えの全部を含めて）――これらすべてに関して言われました。わたしではない。わたしはなきに等しい者である。わたしは父なる神が働かれるためにわたし自身をささげた。わたしは無である。父なる神がすべてであると。

キリストは、この全き克己の生活、父なる神のみこころに対する全き服従と依存の生活が、全き平安と喜びの生活であることを見いだしました。キリストはすべてを神にささげたのですが、それによって何ものも失わなかったのです。神はその信頼をよしとされ、キリストのためにすべてのことをなし、そして、高く上げて栄光のうちにご自身の右に座せしめられました。キリストが神の御前にご自身を低くし、神が常にキリストの前におられたので、人々の前でもご自身を低くし、すべての人のしもべとなれることを見いだされたのです。キリストの謙遜は、神に対する無条件の明け渡しでした。周囲の人々がキリストについてどのようなことを言い、どのようにしようとも、神がキリストのうちにみこころをなされるのを許容することだったのです。

キリストのあがないが効力を持つのは、このような心の状態、精神と性向においてです。私たちがキリストにあずかる者とされるのは、私たちにこの精神をもたらすためです。これが、救い主が私たちをお召しになる真の克己です。すなわち、自分が、神に満たされなければならない空の器であること、またそれ以外に何もよいものを持っていないことを承認することです。そして、何者かでありたい、あるいは何事かをなしたいという自己の要求が、一瞬でも許されないことがあると承認することです。イエスにならうとは、他の何者であるより先に、次のようでなければなりません。すなわち、神がすべてであられるため、自らは何者でもないこと、そして何事もしないということです。

ここに真の謙遜の根源があり、本質があります。私たちの謙遜が、この上なく皮相的で弱々しいのは、これが理解されていないためであり、求められていないためです。イエスに学ばなければなりません。イエスがどのように柔和でへりくだっておられるかを。イエスは、真の謙遜が起こり、力を得るのはどこにおいてであるかを教えています。すなわち、すべてをなさるのは神だということです。私たちのとるべき立場は、自分から何者になろうとか、何事かをなそうとは一切しないことに完全に同意し、神に全く明け渡し、依存することです。これが、キリストが啓示し、与えるためにおいでになったいのち（罪と自己に死ぬことによってもたらされた神のいのち）であるのです。

もし、このいのちはあまりにも高遠であり、到達できないところにあると感じるなら、そのことは、さらにいっそうそのいのちをキリストのうちに求めるべきことを私たちに促すのです。柔和でへりくだったいのちを生きられるのは、内住のキリストです。私たちがこれを望むなら、ほかの何ものにもまさった神（常にすべての中ですべてをなしておられる神）のご性質の聖なる奥義を求めようではありませんか。その奥義とは、自然や被造物、神の子らが――すべての自然、すべての被造物、とりわけすべての神の子がその奥義の証人となるべきなのですが――器であり、管《くだ》にすぎないということです。生ける神が、ご自身の知恵と力と善意の富とを現される器であり、管にすぎないのです。神から与えられるすべての徳、すべての信仰と神にささげられる礼拝の根源は、神から受けるもの以外何も持っていないと知っていること、そして、最も深いへりくだりのうちに、神がそれを与えてくださるのを待ち望むということです。

イエスが神との交わりと同様に人との交わりに謙遜であられたのは、この謙遜が、一時的な感情（イエスが神を思うときに呼び起こされて作用するような感情）ではなく、その全生涯を貫く精神であったからです。イエスは、ご自身が、神が造られ愛しておられる人類のための神のしもべであることを感じていました。その当然の結果として、イエスはご自身を、人々のしもべ（ご自身を通して神が愛のわざをなす人々のしもべ）と考えておられたのです。イエスは、一瞬といえども、自分の栄光を求めたり、自分を弁護するためにその力を主張したりはしませんでした。イエスの全精神は、神に働いていただくための、神にゆだねられた生活そのものだったのです。

謙遜の恐るべき欠如が重荷となり、悲しみとなって、内住のキリストの第一のしるしであるこの謙遜を確保するため、キリスト者がありきたりの宗教を捨てることができるのは、イエスの謙遜を次のように学んだ後です。すなわち、イエスのあがないのみわざの神髄として、神の御子の生涯の祝福として、父なる神との唯一の真の関係として、そしてそれゆえ、もしいささかでもイエスにあずかるのであるなら、それはイエスが私たちにお与えにならなければならないものとして謙遜を学んだ後であり、それ以前ではないのです。

主にある友よ。あなたは謙遜を着せられていますか。あなたの日々の生活に聞いてごらんなさい。イエスに聞いてごらんなさい。友人に聞いてごらんなさい。この世の人に聞いてごらんなさい。そして、イエスにおいて、これまでほとんど知らなかった天的謙遜があなたに対して開かれ、それを通して、おそらくこれまで決して味わったことのない天的祝福がもたらされうることに対して、神を賛美することを始めなさい。

四　イエスの教えにおける謙遜

「わたしは心が柔和でへりくだっているから……わたしから学びなさい。」
（マタイ一一・二九）

「あなたがたの間で先頭に立ちたいと思う者は、皆のしもべになりなさい。人の子が……仕えるために……来たのと、同じようにしなさい。」
（マタイ二〇・二七、二八）

私たちは、キリストの生涯における謙遜について見てきました。キリストは、その御心を私たちに開いて見せてくださいました。これから、キリストの教えに耳を傾けましょう。私たちは、キリストが謙遜についてどのように語っておられるかを聞くでしょう。また、特に弟子たちにどれくらい謙遜を期待しておられるかを聞くでしょう。

注意深く聖句を学びましょう。キリストがどれほど頻繁に、そしてどれほど熱心に謙遜を教えられたかを印象づけるために、みことばの引用を中心にして、説明は少しにしたいと思います。キリストが何を私たちに求めておられるかを理解する助けになるでしょう。

一　キリストの宣教活動の初めに注意してください。山上の説教の最初の祝福でキリストは言っておられます。「心の貧しい者は幸いです。天の御国はその人たちのものだからです。……柔和な者は幸いです。その人たちは地を受け継ぐからです」（マタイ五・三、五）と。天の御国を宣言するこのことばは、私たちに開かれた門（私たちはその門を通ることによってのみ、天の御国に入るのです）を示しています。自分自身では何も持っていない人、そのような人に御国はもたらされるのです。自分自身において何ものも求めない柔和な人、地はそのような人のものです。天と地の祝福はへりくだった人のものなのです。天の生活においても地上の生活においても、謙遜は祝福の奥義です。

二　「わたしは心が柔和でへりくだっているから……わたしから学びなさい。そうすれば、たましいに安らぎを得ます。」ここでは、イエスは教師として語っておられます。イエスは、私たちが教師としての彼のうちに見いだす精神（私たちがイエスから学び、受け取ることのできる精神）がどのようなものであるかについて述べておられます。心が柔和でへりくだっている――これは、イエスが私たちに提供している一つのものです。その中に私たちは、たましいの全き安らぎを見いだします。謙遜は私たちの救いであるべきものです。

三　弟子たちは、御国においてだれが一番偉いかを議論していました。そして主イエスに尋ねることにしました（ルカ九・四六、マタイ一八・一）。イエスはひとりの子どもをまん中に立たせ、「この子どものように自分を低くする人が、天の御国で一番偉いのです」と言われました（マタイ一八・四）。「天の御国では、いったいだれが一番偉いのですか。」この質問は、実に遠大です。天の御国における主な特徴は何でしょうか。その答えは、イエスがお与えになったであろう答え以外の何ものでもないのです。天国の主要な栄光、真の天的な心構え、神からの恩恵として与えられる諸徳のうちの第一のものは、謙遜です。「あなたがた皆の中で一番小さい者が、一番偉いのです。」（ルカ九・四八）

四　ゼベダイのふたりの子が、イエスの右と左（御国における最高の地位）に座することを願いました。イエスは、その地位を与えるのは彼ご自身ではなく、父なる神であって、定められた人にそれを与えるのだと言われました。彼らはそれに目を留めたり、求めたりしてはならないのです。彼らの思いは、謙遜の杯とバプテスマに向けられなければなりません。それからイエスは、「あなたがたの間で先頭に立ちたいと思う者は、皆のしもべになりなさい。人の子が……仕えるために……来たのと、同じようにしなさい」と付け加えられました。謙遜はキリストのしるしなので、天国における栄光の一つの標準になるでしょう。最もへりくだっている者が、最も神に近くいるのです。教会における最も高い地位は、最も謙遜な者に約束されているのです。

五　キリストは群衆と弟子たちに、パリサイ人について、そして彼らが上席を好むことについて語ってから、次のように言われました。「あなたがたのうちで一番偉い者は皆に仕える者になりなさい」（マタイ二三・一一）。謙遜は、神の国において、栄誉に至る唯一の道なのです。

六　また別の場合、キリストはあるパリサイ人の家で、もっと上席に進むようにと招かれるであろう客のたとえを語り（ルカ一四・一～一一）、次のように付け加えられました。「なぜなら、だれでも自分を高くする者は低くされ、自分を低くする者は高くされるからです。」この要求は動かすことのできないものです。ほかに道はありません。自分を低くする者だけが高められるのです。

七　パリサイ人と取税人のたとえを語ってのち、イエスは再び「だれでも自分を高くする者は低くされ、自分を低くする者は高くされる」（ルカ一八・一四）と言われました。宮においても、個人的なディボーションにおいても、また神を礼拝する場合においても、神と人に対する深い真の謙遜が浸透していないものは、すべて無益です。

八　弟子たちの足を洗ってのち、イエスは「主であり、師であるこのわたしが、あなたがたの足を洗ったのであれば、あなたがたもまた、互いに足を洗い合わなければなりません」（ヨハネ一三・一四）と言われました。命令の権威、模範、あらゆる思い（従順であれ一致であれ）は、謙遜を弟子であることの第一の、そして最も本質的な要素とします。

九　最後の晩餐の席で、弟子たちは、なおだれが一番偉いだろうかと議論していました（ルカ二二・二六、二七）。イエスは言われました。「あなたがたの間で一番偉い人は、一番若い者のようになりなさい。上に立つ人は、給仕する者のようになりなさい。……わたしはあなたがたの間で、給仕する者のようにしています」と。イエスが歩まれた道、私たちのために開かれた道は、謙遜の道です。イエスが救いをもたらされた御力と精神は、私をすべての人のしもべとする謙遜です。

謙遜についてのイエスの教えは、驚くべきことに、ほとんど説教の中で語られておらず、実践されていません。また、その欠如について、ほとんど実感されておらず、告白もされていません！　私は、そこまで到達している人（わずかでも自身の謙遜の欠如を認めることができ、イエスの謙遜に似るところまでには到達している人）が、少ないとは言いません。しかし、そのことを、継続的な願望、あるいは祈りの明確な対象と考えている人が、果たしてどれほどいるでしょうか。この世は、何とわずかしかそれを悟っていないことでしょう。教会の内部においてすら、です。

「あなたがたの間で先頭に立ちたいと思う者は、皆のしもべになりなさい。」どうか、イエスがこのことを本気で言っておられると信じることができますように！　忠実なしもべ、あるいは奴隷の品性について、私たちはみな知っています。それは、主人のために一身をささげることであり、主人を喜ばせるために細心の工夫をこらし、注意を払うことであり、主人の繁栄、名誉、幸福を喜ぶことです。この地上において、こうした品性を持つしもべがいます。そして、そのような者にとっては、しもべという名が栄光以外の何ものでもないのです。神のしもべとして、神の奴隷として、自らを神にささげうることを知ること、そして神への奉仕が私たちの最高の自由、罪と自我からの自由であることを見いだすこと――これらのことが信仰生活における新しい喜びとなっているでしょうか。

私たちは、もう一つの教訓を学ぶ必要があります。それは、イエスが私たちを召されたのは、私たちが互いにしもべとなり合うためだということです。私たちが心からそれを受け入れるとき、この奉仕もまた最も幸いな奉仕――罪と自我からの、新しく、そして完全なる自由となるという教訓です。最初それはつらいことに思われるかもしれません。これは、自分のことをなお一角《ひとかど》の者だと考える高ぶりによるのであり、それが唯一の理由なのです。もし、私たちが、神の御前になきに等しい者になることが被造物の栄光であり、イエスの精神であり、天における喜びであることを学ぶなら、私たちを試み、苦しめようとしている人々にすら仕えることによって味わう訓練を、心の底から歓迎することでしょう。私たちの心がこのこと（真の聖化）の上に置かれるとき、謙遜についてのイエスのことばの一つひとつを、新しい熱情をもって学ぶことでしょう。そして、もし私たちが、「わたしはあなたがたの間で、給仕する者のようにしています」と言われるお方との交わりにあずかり、それを確かめることさえできるなら、どのような地位も低すぎるということはなく、どのようなへりくだりもへりくだりすぎるということはなく、どのような奉仕も低すぎず、あるいはその期間が長すぎるということはないのです。

主にある友よ。ここに、より高潔な生活への道があります。それは、下への道、さらに下への道です！　これが御国において偉くなろうと考えていた弟子たち、そして、イエスの右と左に座ろうとしていた弟子たちに対して、イエスが言われたことでした。高められることを求めてはなりません。それは、神のなさることです。あなた自身がへりくだること、謙遜になることを心がけなさい。そして、神の御前に、あるいは人の前に、しもべとしての地位以外の地位をとってはならないのです。へりくだりはあなたのすることです。それを、あなたの唯一の目的、唯一の祈りとしなさい。

神は真実な方です。水がいつも最も低い場所を求め、最も低い場所を満たすように、へりくだって空になった被造物を神が見いだされる瞬間、その栄光と力が流れ込み、それを高め、それを祝福します。自分を低くする（これは私たちの関心事でなければなりません）者は、高くされるのです。これは神の関心事です。神は、その絶大な御力と大いなる愛をもってそれをなさるのです。

謙遜や柔和が、私たちから、気高いもの、大胆なもの、人間らしいものを奪ってしまうと言う人がいます。おお、自らを低くし、すべての人のしもべとなることこそ、天の御国での気高さであり、天におられる王が示しておられる王としての精神であり、神に近づくことだということを、すべての人が信じることができますように！　これが、キリストのご臨在が常に私たちのうちにあり、その御力が私たちの上にとどまっているという、喜びと栄光への道です。

心が柔和でへりくだったお方であるイエスは、神への道をご自身から学べと言っておられます。私たちの心が、「私の唯一の必要は謙遜である」という思いに満たされるまで、みことばを学びましょう。そして、イエスが示しておられるものを与えてくださること、イエスの属性を分け与えてくださることを信じましょう。心が柔和でへりくだったお方として、イエスは、ご自身を慕い求めている心のうちにお入りになり、そこに住まわれるのです。

五　イエスの弟子たちにおける謙遜

「上に立つ人は、給仕する者のようになりなさい。」

（ルカ二二・二六）

私たちは、イエスの人格と教えにおける謙遜について学んできました。本章では、イエスが選んだ仲間（十二使徒）の謙遜を考察しましょう。もし、弟子たちのうちに見いだす謙遜の欠如によってキリストとの対照がさらに明白になれば、ペンテコステで彼らにもたらされた力強い変化を、正しく評価する助けになるでしょう。また、サタンが人間に吹き込んだ高ぶりに対するキリストの謙遜の完全な勝利に、私たちが参与できることが実証されるでしょう。

本章の最初に引用した聖句で、弟子たちが謙遜の徳を全く欠いていたことをすでに見てきました。彼らは、自分たちのうちでだれが一番偉いかを議論していましたし、別の場面では、ゼベダイのふたりの子が、母親とともに、第一の地位（イエスの右に座ること）を願い求めました。そして、最後の晩餐の席では、再びだれが一番偉いだろうかという論争が起こりました。

彼らが主の前にへりくだったときが全くなかった、というのではありません。ペテロにおいても同様でした。彼は「私から離れてください。私は罪深い人間ですから」と叫んだのです（ルカ五・八）。弟子たちも、イエスがあらしをしずめられたときには、ひれ伏して主を拝したのでした。しかし、時折見られるその謙遜の現れは、別の場面で自ずと露わになる自我によって、日頃の心のありようをさらに強く浮き彫りにするだけです。これらすべての意義を学ぶことによって、私たちはこの上なく重要な教訓を与えられるのです。

第一に、謙遜が欠如しているのに、熱心でしかも活動的な信仰が何と多いかということです。弟子たちをごらんなさい。彼らのうちには、イエスに対する燃えるような愛着がありました。弟子たちは、イエスのためにすべてを捨てたのです。父なる神は、彼らに、イエスが神のキリストであられることを啓示していました。弟子たちはイエスを信じ、愛し、その命令に従っていました。イエスに従うために、すべてを放棄していたのです。他の人たちがもとの所に引き返すとき、彼らはイエスにすがりつきました。いつでもイエスとともに死ぬ決意をしていたのです。しかし、これらすべての奥義には、暗黒の力がありました。弟子たちは、その力の存在、恐ろしさを、ほとんど意識していませんでした。しかし、彼らがイエスの救いの力を証ししうる前に、それらのものは殺され、捨て去られなければならないのです。

現代においても同様です。御霊の賜物を豊かに持ち、それをはっきり表し、人々を祝福へと導く教師や教職者、宣教者や働き人がいるかもしれません。しかし、このような人々も、試みの時が来たとき、あるいは親しく交わったとき、悲しいことですが、永続的な品性としての謙遜の徳をほとんど持っていないことが露見するのです。このことは、次の教訓を裏付けます。すなわち、謙遜は最高の徳の一つであり、最も到達しがたいものであり、私たちの最初の、そして主要な努力を向けなければならないものであり、御霊の満たしが、内住のキリストにあずかる者としてキリストが私たちのうちに住まわれるときにのみ力強く現れるものであることを。

　第二に、すべての外部的な教え、すべての個人的な努力は、高慢を克服し、優しくへりくだった心をもたらすために、何と無力であるか、ということです。三年の間、弟子たちはイエスの訓練所にいました。イエスは、弟子たちに、教えようとしておられる主要な教訓が何であるか語っておられました。「わたしは心が柔和でへりくだっているから……わたしから学びなさい」（マタイ一一・二九）。幾度も幾度も弟子たちに、パリサイ人に、群衆に、神の栄光に至る唯一の道である謙遜について語られました。

　イエスは弟子たちの前に、神の子羊として謙遜の生活を送られただけではありません。イエスは一度ならず、彼の生活の内なる奥義を示されました。「人の子が、仕えられるためではなく仕えるために……来た」（マタイ二〇・二八）、「わたしはあなたがたの間で、給仕する者のようにしています」（ルカ二二・二七）。イエスは弟子たちの足を洗い、ご自分の模範にならうようにと言われました。しかし、こうしたすべての教訓をもってしても、ほとんど無益だったのです。最後の晩餐の席上、なお、だれが一番偉いかという論争がありました。疑いもなく、弟子たちはたびたび、イエスの教訓を学ぼうと努めました。そして、再びイエスを悲しませるようなことはすまいと堅く決意していました。しかし、だめでした。

　このことは彼らに、そして私たちに、必要不可欠な教訓を与えます。すなわち、どのような外面的な教えも（たとえそれがキリストご自身についてのものであっても）、どのような議論も（たとえそれがどれほど説得力を持つものであっても）、謙遜の美徳をたたえるどのような意識も（たとえそれがどんなに深いものであっても）、どのような個人的な決意や努力も（たとえそれがどんなに誠実で熱烈なものであっても）、高ぶりという悪魔を追い出すことはできないということです。サタンがサタンを追い出すとき、彼はより陰険な力で、さらに強力な力をもって再び入って来るのです。解決の道は、次の方法しかありません。それは、神の謙遜という新しい性質が力強く啓示され、古い性質に取って代わり、古い性質がかつてそうであったように、新しい性質が真に私たち自身の性質となるという方法です。

　第三に、私たちが真に謙遜になるのは、神の謙遜を備えておられるキリストの内住によるのであり、それ以外に道はない、ということです。私たちは、自身の高ぶりを、他の者、つまりアダムから受けています。私たちは自身の謙遜もまた、他の者から受けなければならないのです。高ぶりは私たちのもので、私たちのうちにあって強力に支配しています。なぜならそれは、私たち自身、私たちの性質そのものだからです。謙遜も、同様な意味において、私たちのものとならなければなりません。それは私たちそのものとなり、私たちの性質とならなければならないのです。高ぶっていることが、自然なことであり容易なことであるように、謙遜もそうでなければならないのであり、またそのようになるのです。

「罪の増し加わるところに、恵みも満ちあふれる」という約束があります（ローマ五・二〇）。これは心の中においてすらそうであるのです。弟子たちへのキリストの教えと、それを守ろうとする弟子たちのむなしい努力は、キリストが神の御力をもって弟子たちのうちにお入りになり、彼らが望むようにとお教えになったものを与え、彼らの中にあってそのようなものとなられるための必要な準備なのです。キリストは、ご自身の死において悪魔の力を打ち砕き、罪を処理し、永遠のあがないを成し遂げられました。復活において、父なる神から全く新しいいのち（それは神の力による人のいのちであり、人々に伝達されうるいのちであり、ご自身の神的な力をもってうちにお入りになり、弟子たちを新たにし、彼らを満たすいのち）をお受けになりました。この御霊を通して、キリストは地上でなしえなかったことをなさったのです。すなわち、愛する者たちと一つとなり、ご自身が、現実に、彼らの生活を彼らのために生き、彼らが父なる神の御前に、ご自身のような謙遜の生活をすることができるようにしたのです。なぜなら、彼らのうちに生きて働いておられたのは、キリストご自身であったからです。そして、ペンテコステの日にキリストは来て、そしてとらえられました。準備と認罪のわざ、キリストの教えによりもたらされた望みの覚醒は、ペンテコステの力強い変化によって完成されました。そして、ヤコブ、ペテロ、ヨハネの生活と手紙は、すべてが変えられたこと、苦難のイエスの柔和な精神が真に彼らをとらえたことを証ししているのです。

私たちは、これらのことについて何と言うでしょうか。読者の皆さんはそれぞれ、さまざまな状況におられることでしょう。ある方々は、この謙遜の問題については深く考えたことがなく、キリストのからだである教会に対しての、また信徒一人ひとりに対しての、謙遜の測り知れない重要性を、すぐに悟ることはできないかもしれません。また、他の方々は、自分の欠点を感じ、熱心な努力をしたにもかかわらず失敗に終わり、失望、落胆しておられるかもしれません。また、別の方々は、霊的な祝福と力の喜ばしい証しをすることができるかもしれませんが、にもかかわらず、周囲の人々の欠けに気づいていながら、必要な認罪がなかったかもしれません。そして、さらに他の方々は、この謙遜の徳について、主が解放と勝利を与えてくださったことを証しすることができるかもしれません。――もっとも、主は、このような方々にも、イエスの満たしがなお、どれほどに必要であるかということ、そしてそれを期待してよいことを教えておられます。

私たちがどんな状況にいても、私は力説したいのです。謙遜がキリスト教信仰の上に占める独特な地位をこれまで以上に認めることが、私たちすべてにとっての緊急な必要であることを。そして、キリストの謙遜が彼の最高の栄光、第一のご命令、最大の祝福として認められていないかぎり、教会あるいは信者が、キリストの望んでおられるような水準に到達することは絶対に不可能であることを。

弟子たちが、この謙遜の徳をひどく欠いていながら、どんなに先走りをしていたか、深く考えてみようではありませんか。そして、私たちが謙遜の徳以外のもので満足し、また神の御力が力強く働き得ない隠れた原因は、この謙遜の徳の欠如にあることを知りましょう。それを悟ることができるよう、神に祈りましょう。神がすべてをなさるのは、私たちが御子のように、自分自身の力では何事もなしえないことを真に知り、そしてそれを示すところにおいてです。またその所においてだけ、神は事をなさるのです。

主のからだである教会がその美しい衣を着け、教師や教会員のうちにきよい美しさとしての謙遜が見られるようになるのは、内住のキリストの真理が、信者の経験において占めるべき地位を占めるときにおいてなのです。

六　日常生活における謙遜

「目に見える兄弟を愛していない者に、目に見えない神を愛することはできません。」

（Ⅰヨハネ四・二〇）

神に対する私たちの愛は、他の人々との毎日の交わりとそこで示される愛によって量られます。そして、神に対する私たちの愛の真実性は、仲間との日常生活というテストによって実証されなければ幻想にすぎません。これらは何という厳粛な思想でしょう。

私たちの謙遜もこれと同じです。私たちが神の御前にへりくだっていると考えることはたやすいことです。人々に対する謙遜こそ、神の前における謙遜が本物であることの、唯一の十分な証拠なのです。すなわち、謙遜が私たちのうちに住み、私たちの性質になっていること、私たちが現実にキリストのように自分自身を無にしていることの、唯一の十分な証拠です。神の御前でのへりくだった心が、神を思うときや祈るときだけの一時的な心構えではなく、生活を貫く精神にまでなっているとき、それは、兄弟姉妹に対する私たちの態度に表れるのです。真に私たちのものであると言える唯一の謙遜は、私たちが祈りで示そうとする謙遜ではなく、ごく普通の行動に表される謙遜です――この教訓はきわめて重要です。日常生活での些細な事柄は重要で、永遠のテストとなるべきものです。なぜなら、それは私たちをとらえている精神を真に実証するからです。自分自身の真実の姿を示し、また悟るのは、私たちが最も油断しているときです。謙遜を知るには、あるいは謙遜な人がどのような行動をするかを知るには、日常生活でその人を観察しなければならないのです。

このことは、イエスが教えられたことではないでしょうか。イエスが謙遜の教訓を与えたのは、弟子たちがだれが一番偉いかを議論していたとき、パリサイ人が宴会の上席や会堂の上席を好むことを見られたとき、弟子たちに洗足の模範を示されたときにおいてでした。神の前における謙遜は、もしそれが人々の前における謙遜によって実証されないなら、全く価値のないものなのです。

パウロの教えでも同様です。彼は、ローマ人に対して「互いに相手をすぐれた者として尊敬し合いなさい」（ローマ一二・一〇）、「思い上がることなく、むしろ身分の低い人たちと交わりなさい。自分を知恵のある者と考えてはいけません」（同一六節）と書き送っています。またコリント人に対して「愛は自慢せず、高慢になりません。……自分の利益を求めず、苛立たず……」（Ⅰコリント一三・四、五）と書き送っています。謙遜を土台にしていない愛はないのです。ガラテヤ人に対しては、「愛をもって互いに仕え合いなさい。……うぬぼれて、互いに挑み合ったり、ねたみ合ったりしないようにしましょう」（ガラテヤ五・一三、二六）と書き送っています。エペソ人に対しては、天的ないのちについての三つのすばらしい章のすぐあとに、「謙遜と柔和の限りを尽くし、寛容を示し、愛をもって互いに耐え忍び……」（エペソ四・二）「いつでも……感謝しなさい。キリストを恐れて、互いに従い合いなさい」（同五・二〇、二一）と書き送っています。ピリピ人に対しては「何事も利己的な思いや虚栄からするのではなく、へりくだって、互いに人を自分よりすぐれた者と思いなさい。……キリスト・イエスのうちにあるこの思いを、あなたがたの間でも抱きなさい。キリストは……ご自分を空しくして、しもべの姿をとり……自らを低くして……」（ピリピ二・三、五～八）と書き送っています。そして、コロサイ人に対しては「あなたがたは……深い慈愛の心、親切、謙遜、柔和、寛容を着なさい。互いに忍耐し合い……互いに赦し合いなさい。主があなたがたを赦してくださったように、あなたがたもそうしなさい」と書き送っているのです（コロサイ三・一二、一三）。

真のへりくだり、真の謙遜が見られるのは、私たちのお互いの関係、お互いの取り扱いにおいてです。神の御前における私たちの謙遜は、それがイエスの謙遜を仲間に示すものでなければ、全く無価値です。これらのみことばの光に照らして、日常生活における謙遜を学ぼうではありませんか。

謙遜な人は、常に「兄弟愛をもって互いに愛し合い、互いに相手をすぐれた者として尊敬し合いなさい」という原則にしたがって行動することを求めています。次のような質問がしばしばなされます。その人が、知恵においても、聖潔においても、神より受けた賜物においても、私たちよりはるかに劣っていることがはっきりわかっているとき、どうして自分よりまさっていると思うことができるのか、と。このような質問は、その質問者が真の謙遜をいかに理解していないかを示しています。

真の謙遜がもたらされるのは、次のようなときです。すなわち神の光に照らして、自分がなきに等しい者であることを知り、自我と別れ、自我を捨て去り、神をすべてのすべてとすることに同意したときです。これをなした人は、次のように言うことができるのです。「私はあなたを見いだすことにおいて、私自身を失ってしまったのです。ですから、もう自分と他の人とを比較することはしません」と。そのような人は、神の前に、自分自身についてのあらゆる思いを永遠に放棄したのです。そのような人は、自分自身を無価値な者として、他の人々に対します。そして、自分のためには、何ものも求めないのです。その人は神のしもべであり、神のために、すべての人のしもべであるのです。忠実なしもべは、主人より賢いかもしれません。しかし、それにもかかわらず、しもべとしての真の精神と態度を失いません。謙遜な人は、すべての神の子ども（その中の最も弱い者、最も取るに足らない者をも）の一人びとりを尊び、王なるお方の子どもとして、自分よりまさった者とするのです。弟子たちの足を洗われたお方の精神は、私たちをして、最も小さい者となること、お互いにしもべとなることを喜びとさせます。

謙遜な人は、妬みをいだくことがありません。謙遜な人は、他人が自分よりまさった者とされ祝福されているときにも、神をほめたたえます。他の人が賞賛され、自分が忘れ去られていても、耐えることができます。なぜなら、神の御前において、パウロとともに「私は取るに足りない者です」ということを学んでいるからです。真に謙遜な人は、自らを喜ばせず、誉れを求めなかった主イエスの精神を受け入れているのです。

仲間の失敗や罪の結果として引き起こされるいらだち、短気、苛酷な思い、きついことばへの誘惑のさなかにあって、謙遜な人は、「互いに忍耐し合い、……互いに赦し合いなさい。主があなたがたを赦してくださったように、あなたがたもそうしなさい」という、しばしばくり返される命令を心に刻みつけ、またそれを生活において示しているのです。謙遜な人は、主イエスを着ることにおいて、あわれみ、親切、謙遜、柔和、寛容の心を身に着けたのだということを学んでいます。これまで自我が占めていた場所を、今はイエスが占めています。そして、イエスがおゆるしになったようにゆるすことは、不可能ではないのです。その謙遜は、単なる自己軽視の思いや口先のことばにあるのではなく、パウロの言っているような謙遜な心（あわれみ、親切、柔和、寛容に取り囲まれた心であり、神の子羊の特徴として認められる甘美な、へりくだった優しさ）にあるのです。

信仰生活におけるさらに高い経験を求めて努力している信者は、しばしば次のような危険に陥ります。それは、いわゆる、より人間的でより勇ましいと言われている徳、たとえば、大胆さ、喜び、この世に対する軽蔑、熱情、自己犠牲（昔のストア派すら教え、かつ実践していたもの）を目標とし、それよりももっと深く、優しく、神聖で天的な、イエスが天よりもたらされ最初にお教えになった徳、イエスの十字架と自我の死にもっと明確に結びついている徳（心の貧しさ、柔和、謙遜、へりくだり）については、ほとんど考えることもなく、また評価もしないという危険です。それゆえ私たちは、あわれみ、親切、謙遜、柔和、寛容の心を持とうではありませんか。そして、私たちがキリストに似ている事実を、失われたたましいを救おうとする熱情によってのみでなく、兄弟姉妹との交わりにおいて、主が私たちをゆるしてくださったように互いに忍び合い、ゆるし合うことにおいて、実証しようではありませんか。

主にある友よ。聖書に示されている謙遜な人の類型を学びましょう。そして、私たちの仲間に、またこの世の人々に、私たちのうちに原型に似たものを認めるかどうかを尋ねてみましょう。これらのみことばの一つひとつを、神が私たちのうちに働いてなしてくださる事柄の約束として、イエスの御霊が与えてくださることばによる啓示として、受け入れましょう。そして、それ以下では絶対に満足しないようにしましょう。次のような確信をもって、すなわち神の子羊なるお方が心の王座を占めているなら、主の謙遜と優しさが私たちのうちから流れ出る生ける水の川の一つになる*との確信をもって、自分のすべての失敗や欠点を、謙遜に、また柔和でへりくだった神の子羊に向かわせるための誘因としようではありませんか。

もう一度、これまでに述べて来たことを繰り返します。私が痛感しているのは次のことです。それは、教会がこの神的謙遜（神にご自身の力を実証していただくための余地を提供するために、教会自身が、なきに等しい者となること）の欠如のために苦しんでいるということを、実は私たちがほとんど知らないということです。

少し前のことですが、いろいろな社会におけるさまざまな宣教団体をよく知っている、謙遜で慈愛に満ちたキリスト者が、それらの宣教活動において愛と寛容の精神が欠けている場合があると、深い嘆きを口にしていました。ヨーロッパにいた頃は自分で選んだ友達とうまくやっていた人たちが、自分とは「好みが違う」人たちと密接な関係を築かなければならなくなると、忍耐することも、愛することも、聖霊によって一致し平和を保つことも、非常に難しいと感じるというのです。そして、助け合うべき人たちが、互いに妨げとなり、うんざりする存在となるのです。これらの理由はただ一つ、すなわち謙遜（自らをなきに等しい者とし、最も小さい者となり、最も小さい者とみなされることを喜び、イエスのようにしもべとなること。他の人々の助け手や慰め手となることだけを求め、最も低い者、最も価値のない者となることさえ求めること）の欠如です。

キリストのために喜んで自らをささげている人々が、兄弟姉妹のためにはそれができないのはなぜでしょうか。その責めは教会が負うべきではないでしょうか。教会は、そのメンバーに、キリストの謙遜がすべての徳のうちで第一のものであること、御霊の恵みと力のうちで最上のものであることを、ほとんど教えていません。キリストがなされたように、教会がキリストのような謙遜（それは実際必要とされ、また可能なものなのですが）を第一に置き、それを信徒に教えているということは、ほとんど実証されていません。

しかし、失望しないようにしましょう。この徳が欠けていることを発見するなら、さらに多くを神に期待しましょう。自分たちを試み、苛立たせるすべての兄弟姉妹を、神の恵みの手段として見ましょう。つまり、彼らは、私たちをきよめるために、いのちであるイエスがうちに吹き込まれた、謙遜を働かせるための神の手段なのです。そして、神がすべてであられ、私たちがなきに等しい者であるとの信仰を持ちましょう。神の御力により、互いに愛において仕え合うことだけを求めるために。

＊「私はイエスを知っていました。そして、イエスは、私のたましいにとってこの上なく尊いお方でした。しかし、

私は、私のうちに、優しく、忍耐強く、親切な者であり続けることを妨げるものがあることを発見しました。私はそれを押さえつけようとしてできるかぎりのことをしました。しかし、それは、やはりそこにあったのです。私は、イエスに何とかしてくださいと嘆願しました。そして、私が自分の意志をイエスに明け渡したとき、イエスは私の心にやって来られ、優しくないすべてのもの、親切でないすべてのもの、忍耐強くないすべてのものを取り去り、そして戸を閉じられたのです。」――George Fox

七　謙遜と聖潔

「あなたはそこに立って、私に近づいてはならない。私はあなたよりきよいのだから。」
（イザヤ六五・五欽定訳）

私たちは、自分たちの時代におけるホーリネス運動について語り、そのことのゆえに神を賛美しています。私たちは聖潔を探求し、聖潔を公言している多くの人々について聞き、聖潔の教え、聖潔の集会についても多くを聞かされています。キリストにある聖潔の幸いな真理、そして信仰による聖潔は、これまでかつてなかったほどに力説されています。私たちが探求し、あるいは到達したと公言している聖潔が、真理でありいのちであるかどうかを決める重大な試金石は、それが謙遜の増大という形で表れているかどうか、ということです。被造物にとって、神の聖潔を自分のうちに住まわせ、自分を通して輝かせるために必要なただ一つのものは、謙遜です。私たちをきよい者とされる神の聖者イエスにおいて、謙遜が、その生と死と高挙の奥義だったのです。私たちの聖潔を正しくテストするのは、神の御前における、そして私たちに注目している人々の前における謙遜です。謙遜は、聖潔の花であり美であります。

偽りの聖潔の主なしるしは、謙遜の欠如です。聖潔を探求するすべての者は、無意識のうちに、霊において始められたことが肉において完成されることがないように、そして、全く予期しないところに高ぶりがひそかに忍び込むことがないように、注意していなければなりません。

ふたりの人が、祈るために宮に上りました。ひとりはパリサイ人で、もうひとりは取税人でした。パリサイ人が入ることができない聖なる場所、パリサイ人が占めることのできない地位はどこにもありません。高慢が、神の宮においてすら頭をもたげました。そして彼の礼拝は、高ぶった礼拝になりました。キリストがパリサイ人の高慢を徹底的に暴露されて以来、パリサイ人は取税人の衣をまとっています。それで、最高の聖潔を公言している者も、深い罪を告白している者も、ともに警戒しなければならないのです。私たちが神と交わり、神の御声を聞こうと心を砕いているとき、ふたりの人が祈るためにやって来るのを見るのです。そして、取税人は、彼の危険が、かたわらにあって蔑んでいるパリサイ人から来るのでなく、彼自身のうちにあって彼をほめそやしているパリサイ人から来ることを見いだすでしょう。

神の宮で自分が最も聖なる場所にいると考えているとき、高ぶりに注意をしましょう。「ある日、神の子らがやって来て、主の前に立った。サタンもやって来て、彼らの中にいた」（ヨブ一・六）。「神よ。私がほかの人たちのよう……でないこと、あるいは、この取税人のようでないことを感謝します」（ルカ一八・一一）。私たちの自我が満足の根拠を見つけるのは、感謝すべき正当な事由の中や、神にささげる感謝の中においてであったり、神がすべてをなさったというその告白の中においてですらあるのです。そうです。宮の中で、懺悔《ざんげ》と神のあわれみに対する信頼のことばだけが聞かれるときでさえも、パリサイ人は、賛美をし感謝をしながら、自分に向かって祝福のことばを述べているかもしれないのです。

高ぶりは、賛美あるいは悔い改めの衣をもって、自らを装うことがあります。たとい「私はほかの人々のようではない」ということばが拒否され非難されるとしても、その精神は、共に礼拝している人々や仲間に対する感情やことばの中に、多く見いだされるかもしれません。もしこれがほんとうかを知りたいなら、教会や信者がお互いについてどのようなことを話しているか、耳を傾けてみてほしいのです。そこに、イエスのような優しさがあるでしょうか。イエスのしもべたちが自分自身やお互いについて語るとき、深い謙遜が基調とならなければならないことは、ほとんど忘れられています。多くの教会や聖徒の集まりにおいて、聖会において、団体や委員会において、そして異教世界の中にあるミッションにおいて、一致が乱され、神のみわざが妨げられています。それは、聖徒と見られている人たちが、短気で性急であり、自己弁護や自己主張にふけり、不寛容に人をさばき、不親切なことばを発し、人を自分よりまさった者とせず、その聖潔には聖徒の柔和さ*がほとんど備わっていないためではないでしょうか。人々は、その霊的経歴において、一時的にへりくだり、砕かれたときがあったかもしれません。しかしそれは、謙遜を着せられること、へりくだった精神を持つこと、自分自身を他の人のしもべとみなす心を持つこと、そして、イエス・キリストのみこころを示すことと、どれほどの隔たりがあるでしょう。

「あなたはそこに立って、私に近づいてはならない。私はあなたよりきよいのだから！」何というこっけいな聖潔でしょう！　きよいお方であるイエスは、謙遜なお方です。最もきよい者は、常に最も謙遜な者なのです。神以外にきよい方はありません。私たちがどれほど神のきよさに近づけるかは、私たちの真の謙遜の程度によるのです。なぜなら謙遜とは、神がすべてであられるというビジョンのうちに自我が消失することにほかならないからです。最もきよい者が、最も謙遜な者なのです。

ああ、今はイザヤの頃のユダヤ人のようなむき出しの高ぶりはあまり見られないとはいえ――私たちの礼儀作法すらそのような話し方をしないように教えているのですが――その精神は、仲間の聖徒の取り扱いにおいても、あるいはこの世の子らの取り扱いにおいても、今なお何としばしば見られることでしょう。意見が表明され、仕事が引き受けられ、過誤が摘発されるとき、その精神は、何としばしばパリサイ人のようであることでしょう。衣は取税人のそれをまとっていても、その声は「神よ。私はほかの人々のようでないことを感謝します」というパリサイ人の声であるのです。

では、人々が自分自身を「すべての聖徒のうちで一番小さな者」、すべての者のしもべとみなすような謙遜を、現在見いだすことができるでしょうか。そうです。そのような謙遜はあるのです。「愛は自慢せず、高慢になりません。……自分の利益を求め」ません（Ｉコリント一三・四、五）。愛の精神が心にあふれるところ、神の性質が生まれ出るところ、柔和でへりくだった神の子羊なるキリストが真に心のうちに形づくられるところには、完全な愛（自分のことを忘れ、他の人々を祝福することに自身の祝福を見いだす愛、他の人がどんなに弱い者であっても、彼らを耐え忍び、彼らを尊ぶ愛）の力が与えられるのです。

この愛が入って来るところには、神が入って来られます。そして、神は御力をもって入って来られ、ご自身がすべてであることが啓示されるところでは、被造物は無となります。そして、被造物が神の御前に無となるところにおいては、その被造物は仲間の被造物に対してへりくだらないわけにいかないのです。神のご臨在は、たまに起こるような事柄ではなくなります。神のご臨在は、その下にたましいが常にとどまっているようなおおいとなるのです。そして、神の前におけるたましいの深いへりくだりは、神のご臨在の聖なる場所となり、そこからたましいのすべてのことば、すべての働きが出るのです。

どうか、神が教えてくださいますように。仲間への思い、ことば、そして感情は、神に対する私たちの謙遜についての神のテストであるということ、そして神の御前での謙遜こそ、他の仲間に対して常に謙遜であることを可能にする唯一の力であることを。私たちの謙遜は、私たちのうちにあるキリストのいのち、神の子羊のいのちでなければならないのです。

すべての聖潔の教師（説教壇上の者でも、その他の場所にいる者でも）、またすべての聖潔の探求者（密室においてでも、聖会においてでも）は、警戒していただきたいのです。聖潔の高ぶりほど危険なものはありません。なぜなら、この種の高慢ほど、微妙で油断のならないものはないからです。「あなたはそこに立って、私に近づいてはならない。私はあなたよりきよいのだから」と、あからさまに口にされるものではないし、そのように考えているわけでもありません。そのような考えは嫌悪の情をもって見られるでしょう。しかし、全く無意識のうちに、たましいのうちに、隠された習慣として成長しています。それは、自分が高い霊的水準に到達したことに満足を覚え、他の人よりどれほど先んじているかを見ないではいられないのです。

このような隠された習慣は、自己主張や自賛において見られるのみでなく、深い謙遜の欠如においても見られるのです。この深い謙遜とは、神の栄光を見たたましいが持つ特徴と言えるものです（ヨブ四二・五、六、イザヤ六・五）。高慢の隠れた習慣は、ことばや思想においてだけでなく、他の人について話す口調や方法――霊的洞察の賜物を持っている人々は、これらのものの中に自我の力を認めないわけにいかないのです――においても表れるのです。鋭い眼識を持ったこの世の人々すら、それに気づいています。そして、それを、天的生活を公言するのみでは特別な天的果実を結ぶことはないと、証拠として指摘するのです。

おお、主にある友よ、用心しましょう。私たちが聖潔と考えているものが進歩するとしても、さらなる謙遜の向上を努力目標とするのでなければ、残念な結果になるかもしれません。すなわち、美しい思想や感情を喜び、献身や信仰といった厳粛な行為を楽しんではいるが、神のご臨在の唯一の確実なしるし(自我の消失)が常に欠如しているといった結果に、です。

さあ、私たちはイエスを避け所としましょう。そして、私たちがイエスの謙遜を着せられるまで、私たち自身を彼のうちに隠していきましょう。それのみが、私たちの聖潔であるのです。

＊「『私』――それは、最上の席、最高の地位を自分のために要求する、この上なく横暴な存在です。そして、もしその要求が聞き入れられなければ、ひどく傷つけられたように感じるのです。キリスト者の働き人の間に起こる争いの大部分は、この巨大な『私』のやかましい叫び声から起こります。最も低い場所に席を占めることの真の奥義を悟っている人は、何と少ないことでしょうか」――Mrs. Smith, *Everyday Religion*

八　謙遜と罪

「私はその罪人のかしらです。」（Ⅰテモテ一・一五）

謙遜は、しばしば後悔や悔恨と同一視されています。その結果、罪がたましいを占領していなければ、謙遜を養い育てる道はないように思われています。私たちはすでに、謙遜がそれ以外のものであり、それ以上のものであることを学んできました。主イエスの教えの中で、そして使徒たちの手紙の中で、この謙遜が、罪に言及することなしに説かれているのを見てきました。本質から見て、被造物の創造者に対するすべての関係において、イエスのいのち（イエスがそれを生き、私たちにお与えになったいのち）において、謙遜は祝福のエッセンスであるとともに、聖潔のエッセンスでもあるのです。それは自我に代えて神を王座にすえることです。神がすべてであられるところにおいて、自我は無であるのです。

しかし、私が特別に強調する必要があると感じているのが真理のこの側面であるとしても、人間の罪と神の恵みが、聖徒たちの謙遜に対してどのような新しい深さと強さを与えるか、多くのことばは必要としないでしょう。たとえば、使徒パウロを見ればよいのです。私たちは、あがなわれた聖徒としての彼の生涯に、罪人であったという深い意識が消されずに存在し続けているのを見るでしょう。私たちはみな、パウロが迫害者であり瀆神《とくしん》者であったことに言及している聖書の箇所を知っています。

「私は使徒の中では最も小さい者であり、神の教会を迫害したのですから、使徒と呼ばれるに値しない者です。……私はほかのすべての使徒たちよりも多く働きました。働いたのは私ではなく、私とともにあった神の恵みなのですが。」（Ⅰコリント一五・九、一〇）

「すべての聖徒たちのうちで最も小さな私に、この恵みが与えられたのは、キリストの測り知れない富を福音として異邦人に宣べ伝える……ためです。」（エペソ三・八、九）

「私は以前には、神を冒瀆する者、迫害する者、暴力をふるう者でした。しかし、信じていないときに知らないでしたことだったので、あわれみを受けました。……『キリスト・イエスは罪人を救うために世に来られた』……私はその罪人のかしらです。」（Ⅰテモテ一・一三、一五）

神の恵みがパウロを救いました。神は、パウロの罪を永遠に思い出すことはありません。しかし、決して決して、パウロはかつて犯した罪がどんなに恐ろしいものであったか、忘れることができませんでした。パウロが神の救いを喜べば喜ぶほど、そして、神の恵みの経験がことばで表すことのできない喜びで彼を満たせば満たすほど、パウロは救われた罪人であったという意識が強くなってくるのでした。そして、彼が罪人であるということが、救いを尊いものとし現実的なものとするのでなければ、救いは無意味であるという意識が強くなってくるのでした。彼は、一瞬であっても、決して自分が罪人（神が腕に抱き上げ、ご自身の愛でおおってくださった罪人）であったということを忘れることができませんでした。

先に引用した聖句は、しばしばパウロが日々犯す罪についての告白であるとされています。しかし、それらの聖句を、その前後関係において注意深く読むならば、そのような意味はほとんどないことがわかります。これらの聖句は、はるかに深い意味を持ち、永遠に続くものに言及しており、謙遜に対する驚きと崇敬の深い潜在的性質を与えているのです。

あがなわれた者たちは、この謙遜をもって、子羊の血によって罪を洗い流された者たちとして、御座の前に頭をたれるのです。決して決して、たとえ天国においても、彼らはあがなわれた罪人以外の者ではありません。神の子どもは、この世の生涯においては、一瞬といえども、神の愛の完全な光のうちに生活することはできません。しかし、罪（その中から救い出された）が、恩寵が約束している、すべてのものを請求しうる唯一の根拠であることを感じているのです。彼らが最初、罪人としてイエスのみもとに来たときの謙遜は、それが被造物としての彼らにどれほど似つかわしいものであるかを学ぶとき、新しい意味を持ってきます。そして、彼らが神によって創造された者であるという意味の謙遜は、神の驚くべきあがないの愛を思うとき、さらに深く豊かな崇敬の色調を帯びたものとなってくるのです。

パウロがこれらのみことばによって教えようとしているほんとうの意味は、次のような顕著な事実、すなわちパウロのキリスト者としての歩みの全過程において――個人的に心の中を打ち明けた彼の手紙においてすら――罪の告白に類する記述が全くないという事実に注目するとき、さらに強く私たちに迫ってきます。短所や欠点について述べた箇所はどこにもありません。パウロが義務を怠ったとか、愛の律法を破る罪を犯したとかいったことを読者に示唆する記事はどこにもないのです。それどころか、神と人との前にパウロ自身が欠点のない生活をしていたことを訴えていると解釈するのでなければ無意味と思われるような言い回しで、自分自身を弁護している箇所が多くあるのです。

「また、信者であるあなたがたに対して、私たちが敬虔に、正しく、また責められるところがないようにふるまったことについては、あなたがたが証人であり、神もまた証人です。」（Ⅰテサロニケ二・一〇）

「私たちが誇りとすること、私たちの良心が証ししていることは、私たちがこの世において、特にあなたがたに対して、神から来る純真さと誠実さをもって、……神の恵みによって行動して

きたということです。」（Ⅱコリント一・一二）

これは理想や抱負ではありません。彼の現実の生活がこのようであったという訴えなのです。しかし、罪の告白がないといっても、このような生活が聖霊の御力による生活であり、今日ほとんど実現されておらず期待もされていない生活であることは、万人の認めるところでしょう。

私が強調したい点は、このように罪の告白がないという事実そのものが、次の真理を確かなものにするということです。すなわち、さらに深い謙遜の秘訣が見いだされるのは、日々罪を犯すということにおいてではなく、私たちの唯一の祝福の場、神の前にとどまる唯一の場は、自分たちが恵みによって救われた罪人だと告白することを最高の喜びとする人のそれでなければならないという、私たちの一瞬たりとも忘れてはならない立場においてである、ということです。

恩寵によって救われる以前には実に恐ろしい罪を犯していたというパウロの深刻な思い出、そして現在罪を犯すことから守られているという彼の意識には、パウロのうちにいつも入ろうとし、ただ内住のキリストの臨在と力によってのみ排除されている罪の暗黒な隠れた力の思い出が、常に結びついていました。「自分のうちに、すなわち、自分の肉のうちに善が住んでいない」――このようなローマ人への手紙七章（一八節）のことばは、肉のありのままの姿を徹底的に暴露したものです。「キリスト・イエスにあるいのちの御霊の律法が、罪と死の律法からあなたを解放した」というローマ人への手紙八章（二節）の輝かしい救いは、肉の絶滅でもなければ肉の聖化でもなく、からだの行いを殺す、御霊によって与えられる不断の勝利であるのです。健康が病気を駆逐するように、そして光が暗やみをのみ込むように、いのちが死を征服するように、御霊によるキリストの内住は、たましいの健康であり、光であり、いのちであるのです。しかし、これとともに無力と危険の自覚が、信仰を絶えず調整し、聖霊に対する純粋な依存にまで高めます。この依存は、最高の信仰や喜びをも、神の恵みのみによって生きている謙遜の従者とするものです。

先に引用した三つの聖句は、パウロをこのようにへりくだらせたのは、パウロに授けられた驚くべき恵み（パウロがつねにその必要を常に感じていた）であったことを示しています。パウロとともにあって、彼に、他のすべての使徒よりも多く働くことをさせた神の恵み、キリストの測り知れない富を異邦人に宣べ伝えさせた恵み、キリスト・イエスにある信仰と愛とともに、ますます満ちあふれる恵み（これは本質的に罪人のためのものです）こそ、彼のかつて罪を犯していたという意識、そして今もともすれば罪を犯す可能性があるという意識を、この上なく生き生きとしたものにしたのです。

「罪の増し加わるところに、恵みも満ちあふれました」（ローマ五・二〇）。この聖句は、恵みの神髄が罪を処理し取り去ることにあること、そして恵みの経験が豊富であればあるほど、罪人であるという意識は強いことを示しています。人を真に謙遜にさせるのは罪ではありません。彼がどれほど罪深い者であったかを示し、それをいつも思い起こさせる神の恵みなのです。私に自分自身が罪人であることを真に知らしめ、罪人としての深いへりくだりの立場を、私にとって決して離れることのない立場とするのは、罪ではなく恵みなのです。

私は恐れます。自分自身を強く責め、非難し、謙遜になろうと努めていながら、親切、あわれみ、柔和、忍耐などの徳性を伴った「謙遜の心」を持つことは、以前と同じように高嶺の花だ、と悲しそうに告白せざるを得ない人が少なからずいるのではないかと。たとえどんなに深い自己嫌悪の中にあるとしても、自我によって占領されているなら、自我から解放されることはありません。私たちをへりくだらせるのは、神の啓示（罪を責める律法による啓示だけでなく、罪から救い出す神の恵みによる啓示）です。律法は、心を恐怖で引き裂くかもしれません。たましいに第二の天性としての喜びをもたらすうるわしい謙遜は、恵みによってのみ得られるのです。

アブラハム、ヤコブ、ヨブ、イザヤをしてこの上なくへりくだらせたのは、聖なる神の啓示（神が恵みによりご自身を知らせるために近づいて来られたこと）によるものでした。たましいが神のご臨在をもってこの上なく満たされ、自我を入れる余地が全くないことを見いだすのは、次のような場合においてです。それは、そのたましいにおいて、創造者なる神（なきに等しい被造物の、すべてであられる神）、恵みによるあがない主なる神（罪に汚れた人間の、すべてであられる神）が待望せられ、信頼せられ、礼拝せられる場合においてであるのです。このようにすることによってのみ、「その日には……おごる人は低くせられ、主のみ高くあげられる」という約束は成就されるのです。

罪人が、神の聖なるあがないの愛の完全な光の中にあるとき、キリストと聖霊を通してもたらされる神の愛の全き内住を経験するとき、謙遜にならないわけにいきません。罪によって占領されるのでなく、神によって占領されること、これが自我からの解放の道です。

九　謙遜と信仰

「互いの間では栄誉を受けても、唯一の神からの栄誉を求めないあなたがたが、どうして信じることができるでしょうか。」
（ヨハネ五・四四）

私が最近聞いたある説教で、説教者が、「信仰生活における祝福とは、ショーウインドーの中に置かれた品物のような場合がしばしばある」と語っていました。――人はその品物をはっきり見ることができます。しかし、品物に触れることはできないのです。もし手を伸ばして品物を取るように言われるなら、「それはできません。私と品物の間には厚いガラスがあります」と答えるでしょう。

同じように、キリスト者は、全き平安と安息の約束、あふれるばかりの愛と喜びの約束、永続的な交わりとその結実の約束をはっきり見ることができるかもしれません。しかし、それらのものを手にすることを妨げる何ものかが、自分との間にあることを感じているのです。それは何でしょうか。高ぶり以外の何ものでもないのです。信仰に対する約束は全くの無代価であり、確実なものであり、招きと励ましはこの上なく力強いのです。信仰があてにしている神の強い御力は、この上なく近くにあり、かつ無代価で得られるのです。したがって、祝福が私たちのものにならないのは、何ものかが信仰を妨げているからにほかなりません。

冒頭のみことばにおいて、イエスは信仰を不可能にしているものが実に高ぶりであることを発見しておられます。「互いの間では栄誉を受けても、唯一の神からの栄誉を求めないあなたがたが、どうして信じることができるでしょうか。」高ぶりと信仰が、本質的にとうてい両立できないものであることを見るとき、私たちは、信仰と謙遜が、その根本において一つであること、そして私たちが真の謙遜を持っている以上に真の信仰を持つことは決してできないことを学ぶのです。高ぶった心を抱きながら、真理についての知的な確信を持つことはできるでしょう。しかし、生きた信仰、神を動かす信仰を持つことは不可能なのです。

信仰とはいったい何かということを、しばらく考えてみる必要があります。それは、無価値な者、無力な者になることの告白ではないでしょうか。神に明け渡し、神がみこころをなされるのを待つことではないでしょうか。また、存在しうるかぎりの最も謙遜な事柄（私たちが従属者であることの承認、恵みによって授けられるもの以外、何ものも要求できず、獲得できず、なすことのできない者であることの承認）ではないでしょうか。謙遜とは、簡単に言えば、神に信頼して生きるようにたましいを備えることです。そして、すべての高ぶり（利己主義、わがまま、自己過信、自己高揚におけるひそかな高ぶりの息吹ですら）は、自我（それは神の国に入ることができず、神の国のものを所有できないもの）を強めるものにほかなりません。なぜなら、それは、神が本来あるべき状態になられること、すべてのすべてとなられることを拒否するからです。

信仰は、天的な世界とその祝福を識別し理解するための感覚器官です。信仰は神からの栄誉を求めます。その栄誉は、神がすべてであるところにおいてのみもたらされるのです。私たちがお互いの栄誉を受けているかぎり、また、この世の栄誉（人からの名誉や評判）を探求し、愛し、油断なく守っているかぎり、私たちは、神から来る栄誉を求めておらず、また受けることができないのです。

高ぶりは信仰を不可能にします。救いは、十字架と十字架にかかられたキリストから来るのです。救いとは、十字架の精神をもって、十字架にかかられたキリストと交わることです。救いは、イエスの謙遜との結合であり、イエスの謙遜を喜び、それにあずかることなのです。高ぶりに支配されているとき、私たちの信仰が全く弱いことは自明のことでしょう。なぜなら、私たちが、救いのために最も必要な、祝福に満ちた側面としての謙遜を熱望せず、そのために祈ることをしないからです。

謙遜と信仰は、聖書においては、多くの人々が知っている以上に、密接な関係を持つものとされています。このことを、キリストのご生涯において見てみましょう。

主イエスがりっぱな信仰について語られた場面が二つあります。主は「イスラエルのうちのだれにも、これほどの信仰を見たことがありません」と言って百人隊長の信仰に驚嘆されました。それに対して百人隊長は、「あなた様を、私のような者の家の屋根の下にお入れする資格はありません」と言っています（ルカ七・一〜一〇）。また、主から「あなたの信仰は立派です」と言われた母親は、小犬と呼ばれることに甘んじ、「主よ、そのとおりです。ただ、小犬でも……パン屑はいただきます」と言っているのです（マタイ一五・二一〜二八）。たましいをして神の御前になきに等しい者とするのは、謙遜です。それはまた、信仰のすべての障害を取り除くものであり、神に信頼しないことで神に不名誉をもたらすことだけを恐れさせるのです。

主にある友よ。私たちが聖潔の探求において失敗する原因は、ここにあるのではないでしょうか。私たちの献身、私たちの信仰をこの上なく皮相的なものとし、この上なく短命なものとしていた理由はこれではないでしょうか。たとえ私たちが知らなかったとしても。高ぶりと自我が今なおひそかに私たちのうちに働いていること、神のみが私たちのうちにお入りになり、強い御力によってそれを追放することができること──私たちは、これらのことを全く知りませんでした。古い自我と全面的に取って代わる新しい神の性質のみが、私たちをほんとうに謙遜にすることを、理解していませんでした。絶対的な、不断の、普遍的な謙遜が、他の人に対するすべての取り扱いの基礎でなければならないとともに、すべての祈り、すべての神への接近の基礎でなければならないということ、そして全面的な謙遜、心のへりくだりなしに神を信じ、神に近づき、神の愛のうちに生きようとするのは、あたかも目なしに見、呼吸なしに生きようとするようなものであること――私たちは、これらのことを知らなかったのです。

主にある友よ。私たちは次のような失敗をしてはいなかったでしょうか。信じようとして非常な努力をしながら、他方においては、高ぶった古い自我があって、それが神の祝福と富を所有しようとしていたことを。私たちが信じることができなかったのも無理もないことです。私たちの方針を変えましょう。まず何よりも先に、神の力強い御手の下に、私たち自身が謙遜になりましょう。神は私たちを高くしてくださるでしょう。イエスがご自身を低くされた十字架、死、そして墓は、神の栄光への道であったのです。私たちの唯一の願い、私たちの熱烈な祈りの題目を、イエスとともに、そしてイエスのようにへりくだることとしましょう。神の御前に、そして人々の前に私たちをへりくだらせるものは、どのようなものでも喜んで受け入れましょう。――これのみが、神の栄光への道なのです。

幸いな経験を持ち、あるいは他の人々に祝福をもたらす者となっていながら、謙遜において欠けている人々がいることを前にお話ししました。おそらく、あなたは次のような疑問を持つでしょう。このような事実は、彼らが人からの誉れを多く求めていることを示していても、なお真実の信仰を——力強い信仰ですら——持っていることを立証するものではないだろうかと。これに対する答えは、いくつかあるでしょう。しかし、私たちが現在論じている事柄との関連における主要な答えは次のようなものです。

彼らは、実際にある程度の信仰を持っており、その信仰に比例して、彼ら自身に与えられている特別な賜物をもって他の人々に祝福をもたらしている。しかし、その祝福においても、彼らの信仰の働きは謙遜の欠如によって妨げられていると。彼らは、神にすべてとなっていただくために無なる者とはなっていません。したがって、彼らの与える祝福は、しばしば、皮相的、あるいは一時的なものなのです。より深い謙遜は、疑いもなく、より深い、より完全な祝福をもたらします。聖霊は彼らのうちに、力の御霊として働いておられるだけではありません。彼らのうちに、ご自身の満ち満ちた徳（特に謙遜の徳）をもって住まわれます。そして、彼らを通して、回心者たちにご自身を啓示しようとしておられるのです。その結果、現在はほとんど見られることのない、力と聖潔に富んだ揺るがない生き方が実現されることになります。

「互いの間では栄誉を受けても、唯一の神からの栄誉を求めないあなたがたが、どうして信じることができるでしょうか。」主にある友よ。あなたが神からの栄誉のみを求めることに献身する以外、人からの栄誉を求める欲望、そして、それが与えられなかったときの焦り、苦痛、怒りを癒やす道はありません。神よりの栄誉を、あなたにとってすべてのすべてとしなさい。あなたは、人からの栄誉、自我からの栄誉から解放され、無なる者であることに満足し、喜びを覚えることでしょう。無なる者であるということから、あなたは強固な信仰の人に成長し、栄光を神に帰するようになるのです。そして、神の御前に謙遜になればなるほど、神がさらにあなたに近くあられ、あなたの信仰のすべての願いをかなえてくださることを見いだすことでしょう。

十　謙遜と自我に対する死

「（キリストは）自らを低くして、死にまで……従われました。」（ピリピ二・八）

謙遜は死への道です。なぜなら、死において、その完全さが最高度に実証されるからです。謙遜は花であり、自我に対する死はその完全な実です。イエスはご自分を低くし、死にまで従われました。それによって道を開いてくださったのです。私たちもまたその道を歩まなければなりません。イエスにとって、死以外にご自身の神への極みまでの献身を実証する道はなく、また私たちの人間的な性質を捨て、父なる神の栄光にまで上る道はなかったのです。

私たちにとっても同様です。謙遜は、私たちを自我に対する死にまで導かなければなりません。それによって私たちは、どれだけ全面的に自分自身を、謙遜に対し、また神に対して明け渡していたかを実証するのです。そうすることによってのみ、堕落した性質から解放され、神にあるいのちへの道、新しい性質（その中で最も重要なものは謙遜）の誕生への道を見いだすのです。

イエスがよみがえりのいのちを弟子たちに啓示されたとき、聖霊の降臨に際して、主（栄光のからだを持ち、御座についておられた柔和なお方）が弟子たちのうちに住むために現実に天からおいでになったとき、弟子たちのためにどのようなことをされたのか、述べてきました。イエスは死を通してこのことをする力を得られたのです。

イエスがお与えになるいのちは、その最も深い意味において、死よりのいのち、死に明け渡され、死を通して獲得されたいのちでした。弟子たちのうちに住むためにおいでになったお方は死に、そして今また永遠に生きておられるお方です。イエスの生涯、人格、臨在は、死のしるし、死より生まれたいのちのしるしを帯びています。イエスの弟子たちのうちにあるいのちもまた、死のしるしを帯びています。そのいのちが知られうるのは、死の御霊が、十字架において死につつある方の御霊が、たましいのうちに住み、働くときにおいてのみです。

主イエスの死のしるしの最も重要なもの、イエスに真に従っている者たることを示す死のしるしの最も重要なものは、謙遜です。それは次の二つの理由によります。すなわち、謙遜のみが完全な死に導くものであり、死のみが謙遜を完全なものとするからです。謙遜と死は、本質において一つです。謙遜はつぼみです。死において、実は完全に熟するのです。

謙遜は完全な死に至らせます。謙遜とは、自我を放棄し、神の御前に完全に無価値な者の立場をとることを意味します。イエスはご自身を低くし、死に至るまで従順であられました。死においてイエスは、ご自身の意志を神のみこころに明け渡された、最高で完全な証拠を提示されました。死においてイエスは、ご自身を、杯を飲むことについての不本意とともに放棄されました。主は、ご自身が持っておられたいのちを、私たちの人間的な性質とともに放棄されたのです。イエスは、自己に対して死に、彼を誘惑していた罪に対して死なれたのです。それゆえに、イエスは人間として完全ないのちに入られたのです。イエスには無限のへりくだりがあり、ただ神のみこころを行うしもべとしてご自身を無とみなされました。そうでなかったならば、イエスが死なれるということは決してなかったでしょう。

　このことは、しばしば問われ、そしてその意味が明確に把握されることがほとんどない質問、すなわち、「どうすれば、私は自我に対して死ぬことができるだろうか」という質問に対する答えを提示します。自我に死ぬことはあなたのわざではありません。それは神のみわざなのです。キリストにあって、あなたは罪に対して死んでいるのです。あなたのうちにあるいのちは、死とよみがえりの過程を経てきたいのちです。あなたは、あなたが現実に罪に対して死んでいることを確信してよいのです。しかし、この死の力があなたの性質や行為に十分表れるかどうかは、聖霊がキリストの死の力をお与えになる程度によります。そして、教えることが必要とされるのは、この点においてなのです。

もしあなたがキリストの死に十分あずかり、自我からの完全な解放を知りたいと思うなら、謙遜になりなさい。これがあなたの唯一の義務です。あなた自身を、全く無力のまま神の前に投げ出しなさい。あなた自身を殺し、あるいは生かすことがあなたには不可能であるという事実に、心から同意しなさい。柔和、忍耐、神に対する信頼の明け渡しの精神をもって、あなた自身の無価値の中に沈みなさい。すべての屈辱を受け入れなさい。あなたを試み、あるいはあなたを苛立たせるすべての仲間を、あなたを謙遜にするための恩寵の手段とみなしなさい。あなたの仲間の前に、あなた自身をへりくだらせるすべての機会を、神の前に謙遜であり続けるための助けとして用いなさい。

　神はあなたのそのような謙遜を、あなたが心からそれを望んでいることの証拠として、そのための最上の祈りとして、神の力強い恩寵のみわざに対するあなたの準備として、受け入れてくださることでしょう。そのとき神は、聖霊の力強い御力によってキリストを完全にあなたのうちに啓示し、キリストがしもべのかたちにおいて真にあなたのうちに形づくられ、あなたの心のうちに住まれるようにしてくださることでしょう。それが、完全な死（私たちがキリストにあって死んだ者であるという十分かつ完全な経験）に至る謙遜の道であるのです。

　それから、この死のみが完全な謙遜に至るという命題が続きます。謙遜であろうとしつつも、謙遜になりすぎることを恐れている多くの人がいます。おお、このような失敗を犯すことがないように注意しましょう。彼らは、真の謙遜とは何であるか、そしてそのためにはどのように行動すべきかについて多くの手かげんを加え、制限を施し、多くの推論をなし、質問を発します。そして、無条件にそこにゆだねることを決してしないのです。このことを用心しなさい。

死に至るまであなた自身を低くしなさい。謙遜が完成されるのは、自我に対して死ぬことにおいてです。増し加わる恩寵のすべての真の経験、献身におけるすべての真の進歩、イエスに似ることにおけるすべての現実の前進——これらのものの根底には自我に対する死（それは、神と人とに対して、私たちの性質と習慣によって実証されるものです）がなければならないことを忘れないでください。私たちは、自我に死んでいるとか、聖霊によって歩んでいるとか言いますが、どうひいき目に見ても、私たちのうちに多くの利己的なものがあるのを見ないわけにはいかないのです。これは全く悲しいことです。

自我に対する死の最も確実なしるしは、謙遜です。それは自身を無にして、仕える者の姿をとります。蔑まれ拒まれたイエスとの交わりについて、彼の十字架を負うことについて多くを語り、しかも正直に語っていながら、神の子羊の柔和さやへりくだりが見られず、またほとんど求められてもいないことはよくあることです。神の子羊は二つのことを意味しています。すなわち、柔和と死です。私たちはこの両方において、イエスを受け入れることを求めようではありませんか。イエスにおいては、この二つは分離することができません。私たちにおいても、そうでなければならないのです。

もし私たちが自力でそのわざをしなければならないとしたら、それは何と絶望的でしょう。生まれつきのままの性質は、決してその性質を克服することができません。恩寵の助けをもってしてもそうなのです。自我は、決して自我を追い出すことができません。新生した人においてすらそうなのです。神をほめよ！　そのわざはすでに成し遂げられ、永遠に完成されたのです。

イエスの一度かぎりの死は、自我に対する私たちの死です。そして、イエスの昇天、一度かぎり至聖所にお入りになったことは、私たちに聖霊をもたらし、キリストの御力を知らしめ、キリストにある新しいいのちの力を私たち自身のものとするのです。たましいが謙遜の追求と実践においてイエスの足跡に従って行くとき、さらに何ものかを必要とする意識が目ざめさせられ、願望がよみがえらせられ、信仰が強められます。そしてたましいは、イエスの御霊の真の満たし（それは、日々、自我と罪とに対するイエスの死をその全き力において保ち続け、謙遜を私たちの生活における全面的に浸透した精神とすることを得るのです[注3]）を見上げ、要求し、受け入れることを学ぶのです。

「それとも、あなたがたは知らないのですか。キリスト・イエスにつくバプテスマを受けた私たちはみな、その死にあずかるバプテスマを受けたのではありませんか……あなたがたもキリスト・イエスにあって、自分は罪に対して死んだ者であり、神に対して生きている者だと、認めなさい。……死者の中から生かされた者としてあなたがた自身を……神に献げなさい」（ローマ六・三、一一、一三）。キリスト者の自己意識は、キリストの死を現実的なものとしている精神によって満たされ、特徴づけられていなければなりません。キリスト者は、常に、自分自身をキリストにあって死んだ者として、そして、キリストにあって死より生かされ、イエスの死を身に帯びている者として、自らを神におささげしなければなりません。キリスト者の生涯は、常に二重のしるしを帯びています。その根は、真のへりくだりをもって深くイエスの墓（罪と自我に対する死）に到達しています。その頭は、よみがえりの力をもって、イエスがおられる天に向けられています。

主にある友よ。信仰をもって、イエスの死と生をあなたのものとして要求しなさい。彼の墓の中に、自我とその働きからの安息（神の安息）の中に入りなさい。父なる神の御手にご自身の霊をゆだねられたキリストのように、あなた自身を低くし、日々自分の無力を知って、神に完全によりたのみなさい。神はあなたを立たせ、あなたを高めてくださることでしょう。

朝ごとに、自分自身の無価値を意識し、イエスの墓の中に沈みなさい。そうすれば、日々、イエスのいのちがあなたのうちに現されることでしょう。自発的な慈愛に満ちた、安らかな、そして幸福なへりくだりを、あなたがあなたの長子の特権（訳注＝創世二五・二九～三四参照）――キリストの死にあずかるバプテスマ――を要求したことのしるしとしなさい。「キリストは聖なるものとされる人々を、一つのささげ物によって永遠に完成されたからです」（ヘブル一〇・一四）。

キリストの謙遜の中に入った人々は、キリストのうちに自我を見て、それを死んだものとみなす力を見いだすことでしょう。また、キリストから学び、キリストから受け入れられている者たちとして、愛をもって互いに忍び合い、柔和でへりくだった歩みをなす力を見いだすことでしょう。新しいいのちは、キリストのような柔和なへりくだりの中に見られるのです。

十一　謙遜と幸福

「私は、キリストの力が私をおおうために、むしろ大いに喜んで自分の弱さを誇りましょう。ですから私は……弱さ……を喜んでいます。というのは、私が弱いときにこそ、私は強いからです。」

（Ⅱコリント一二・九、一〇）

その啓示のすばらしさのために、パウロが高ぶることがないように、謙遜のためのとげが与えられました。パウロの最初の願いは、とげが取り去られることでした。彼は、三度もそれを去らせてくださいと主に嘆願したのでした。それに対する答えは、試みは祝福であるということ、試みがもたらす弱さと謙遜の中にこそ、主の恵みと御力はさらにまさって示されるということでした。パウロの試みに対する態度は新しい段階に入りました。単にそれに耐えるのではなく、それを喜んで誇ったのです。試みからの解放を求めるのでなく、その中にいることを喜んだのです。

彼は、謙遜の場所が、祝福の場所、力の場所、喜びの場所であることを学んでいました。

すべてのキリスト者は謙遜の探求において、事実上この二つの段階を通過します。まず最初は、自分を謙遜にするすべてのものを恐れ、それから逃げ、解放を求めます。この段階ではまだ、どのような犠牲を払っても謙遜を求めることを学んでいません。そして、謙遜であれという戒めを受け入れ、それに従おうとします。しかし、従うことなどとてもできないことを見いだすのです。

次に、謙遜を祈り求めます。時には非常に熱心に祈ります。しかし、それ以上に、心のひそかな奥底においては（ことばでなければ、願いにおいて）、自分を謙遜ならしめるものから離れさせてくださいと祈っているのです。この段階ではまだ、神の子羊の美しさや天国の喜びを恋い慕うほどには、謙遜を恋い慕っていません。それゆえ、それを獲得するために、すべてを差し出すことをしないのです。その謙遜の探求においては、そして、謙遜を求める祈りにおいては、なおいくぶんそれを重荷と感じ、束縛と感じる意識があります。謙遜になるということが、いのちの、そして本質的に謙遜な人間性の、自発的な表現となっていないのです。それはまだ、自身の喜び、唯一の楽しみとはなっていません。まだまだ、「私は大いに喜んで私の弱さを誇りましょう。私はどんなものでも、私を謙遜にさせるものであれば、それを楽しみます」と言うことはできないのです。

しかし、私たちは、このような段階に到達することを望むことができるでしょうか。疑いなくできます。そして、私たちをそこにもたらすものは何でしょうか。それは、パウロをそこにもたらしたもの――主イエスの新しい啓示――です。神のご臨在以外の何ものも、自我をあらわにしたり、自我を追放したりすることはできません。イエスのご臨在が、あらゆる欲望を駆逐し、キリストが完全に示されるための自我の屈辱を喜ばせる――こうした深遠な真理へのさらに明確な洞察力が、パウロに与えられなければならなかったのです。屈辱は私たちを導き、イエスのご臨在と御力を経験することによって、謙遜を最高の祝福として選択させます。パウロの物語の教訓から学ぼうではありませんか。

成長した信者、著名な教師、天的な経験を味わった人であっても、完全な謙遜の教訓（自分の弱さを喜んで誇る）をまだ十分に学んでいないかもしれません。パウロにその例を見ることができます。高ぶることの危険は非常に近くまで迫っていました。パウロは、無価値な者になるということがどういうことか、キリストが彼のうちに生きるために自分に死ぬということがどういうことか、彼を低くするすべてを喜ぶということがどういうことか、まだ完全には知らなかったのです。主にならって完全に自らをむなしくし、神がすべてとなられるために自らの弱さを誇ること――これこそパウロが学ばなければならなかった最高の教訓であったように思われます。

信者が学ばなければならない最高の教訓は、謙遜です。おお、聖潔において前進しようとするすべてのキリスト者が、このことを心に留めることができますように！　真剣な献身、強烈な熱情、天的な経験があるかもしれません。しかし、もし主の特別な取り扱いによって守られているのでなければ、これらすべてについて無意識の高ぶりがあるかもしれないのです。最高の聖潔が最深の謙遜であるという教訓を学びましょう。そして、それがひとりでにもたらされるのではなく、私たちの忠実な主とその忠実なしもべの側における特別な取り扱いの問題とされたときにのみ、もたらされることを心に留めましょう。

自分の生活を、この経験の光に照らしてながめましょう。そして、喜んで自分の弱さを誇っているかどうか、パウロのように、危害や困窮、悩みを楽しんでいるかどうかを見ましょう。そうです。私たちが、非難（それが正しいものでも不当なものでも）、味方や敵からの叱責、傷害や災難、他の人々に陥れられた困難さを他の何ものにもまさって、次のことを実証する機会とみなしているでしょうか。すなわち、イエスが私たちにとってすべてであられること、私たち自身の楽しみや名誉が無価値であること、屈辱こそその中に喜びを見いだすべきものであることを。

全く自我から解放され、自分が何を言われようが何をされようが、イエスこそがすべてであるという思いの中にそれらが消失し、のみ込まれてしまう――このような状態こそ、真に祝福されたものであり、天国の深い幸いであるのです。

パウロを顧みてくださったイエスが、私たちをも顧みてくださることを信じようではありませんか。パウロは特別な訓練を必要としていました。学ばなければならない特別な教訓がありました。それは、彼が天において聞いた、口に出すことのできないことばよりもさらに尊いものでした。すなわち、弱さと卑しさを誇るということがどういうことであるか、という教訓であったのです。

私たちもまたそれを必要としています。パウロを顧みてくださったお方は、私たちをも顧みてくださるのです。イエスがパウロを教えた学校は、私たちの学校でもあるのです。イエスは私たちが高ぶることがないように、妬み深いまでの愛をもって私たちを見守ってくださいます。私たちが高ぶっているとき、イエスは私たちのためにその悪を見いだすことに努め、その悪から解放してくださいます。私たちが、試練、弱さ、苦しみの中にあるとき、イエスは私たちをへりくだらせ、ついに私たちが、主の恵みこそがすべてであることを学び、私たちをへりくだらせるものを喜ぶまでに至らしめてくださいます。

弱さのうちに完全に現れるイエスの御力、私たちの空虚を満たし、満足させるイエスのご臨在は、決して失敗することのない謙遜の秘訣となるのです。その謙遜は、パウロのように、私たちのうちに、そして私たちを通して働かれる神のみわざを十分に見て、「たとい私は取るに足りない者であっても、私はあの大使徒たちにどのような点でも劣るところはありませんでした」と常に言うことができるのです。パウロの屈辱が、彼を真の謙遜に導きました。自分自身を謙遜にさせるすべてのものを、喜び楽しむように導いたのです。

「私は、キリストの力が私をおおうために、むしろ大いに喜んで自分の弱さを誇りましょう。」

謙遜な人は、永遠に続く喜びの秘訣を学んでいます。弱く感じれば感じるほど、深く沈めば沈むほど、屈辱が大きければ大きいほど、より多くキリストの御力とご臨在にあずかることになります。そして、「私は……取るに足りない者です」と言うとき、「わたしの恵みはあなたに十分である」（Ⅱコリント一二・九）という主のことばは、常に、さらに深い喜びをもたらすのです。

以上述べた事柄を、もう一度、次の二つの教訓に概括しなければならないと思います。高ぶりの危険は、私たちが考えているよりもさらに大きく、さらに近いものです。そして、謙遜の恵みも同様です。

高ぶりの危険は、私たちが考えているよりもさらに大きく、さらに近い——これは、特に私たちが最高の経験をしたときに真理です。会衆の賞賛の的になっている霊的真理の説教者、天的生活の秘訣を解説している豊かな賜物に恵まれたホーリネス運動の唱導者、幸いな経験を証ししているキリスト者、意気揚々として諸所を巡回し、歓呼の声を上げて迎える聴衆に祝福をもたらしている福音の宣教者——これらの人々がどのような隠れた、気づかない危険にさらされているか、だれも知らないのです。

パウロも、気づかないうちに危険にさらされていました。イエスが彼のためにどのようなことをされたかは、私たちへの教訓のために記されています。私たちが自分自身の危険を知り、唯一の安全は何であるかを知るために記されているのです。もし教会の教師や、自分自身がきよい者であると公言している者について、その人が自我に満ちているとか、説教をしたことを実践していないとか、彼の味わっている祝福は彼をより謙遜で柔和な者としていないとかいった批評がなされているとすれば、そのようなことは、もう言われるべきではないのです。私たちが信頼するイエスは、人をへりくだらせることがおできになるのです。

そうです。謙遜の恵みもまた、私たちが考えているよりも、さらに大きく、さらに近いのです。イエスの謙遜は、私たちの救いです。イエスご自身が私たちの謙遜であられるのです。私たちの謙遜はイエスの関心事であり、イエスのみわざです。その恵みは、高ぶりの誘惑に対抗するためにも、私たちにとって十分なのです。イエスの御力は、私たちの弱さのうちに完全に現れるのです。私たちは弱くあること、へりくだっていること、無価値なものであることを選びましょう。謙遜を喜びとしましょう。喜んで弱さを誇りましょう。私たちを謙遜にし、へりくだらせるすべてのものを誇りましょう。

キリストの御力は、私たちの上にとどまるでしょう。キリストは、ご自身を低くされました。それゆえ、神はキリストを高く上げられました。キリストは私たちをへりくだらせ、へりくだり続けさせるでしょう。私たちをへりくだらせるすべてのものに心から同意し、それを信じて喜んで受け入れようではありませんか。キリストの御力は私たちの上にとどまるでしょう。私たちは、最深のへりくだりが真の幸福であり、何ものをもってしても損なうことのできない喜びの秘訣であることを見いだすでしょう。

十二　謙遜と高揚

「自分を低くする者は高くされるのです。」　（ルカ一八・一四）

「『神は……へりくだった者には恵みを与える。』……主の御前でへりくだりなさい。そうすれば、主があなたがたを高く上げてくださいます。」　（ヤコブ四・六、一〇）

「ですから、あなたがたは神の力強い御手の下《もと》にへりくだりなさい。神は、ちょうど良い時に、あなたがたを高く上げてくださいます。」　（Ｉペテロ五・六）

ほんの昨日のこと、私は、「この高ぶりを克服するにはどうすればよいでしょうか」という質問を受けたばかりです。その答えは簡単です。二つのことが必要です。神があなたのわざであると言っておられること、すなわち、あなた自身を低くすることを実践しなさい。神が、ご自身のわざであると言っておられること、すなわち、神があなたを高めてくださることを信じなさい。

戒めは明らかです。あなた自身を低くしなさい。このことは、高ぶりの性質を克服し、追放して、あなたのうちに聖なるイエスの謙遜を形づくることが、あなた自身のわざだということを意味しているのではありません。これは、神のみわざなのです。これは、神があなたを高めて愛する御子に似る者としてくださる、みわざのエッセンスです。

戒めが意味しているのは次のことです。すなわち、あなた自身を神の前に、そして人の前にへりくだらせるあらゆる機会をとらえよ、ということ。すでにあなたのうちに働いている恩寵を信じて、へりくだりなさい。あなたに勝利をもたらす恩寵（良心が、あなたのうちにある高ぶりと、その働きの一つひとつに光を投ずるようになるまでの恩寵）がさらにもたらされようとしていることを確信して、へりくだりなさい。起こるかもしれないあらゆる失敗やつまずきに負けず不屈の精神をもって、「へりくだれ」という変わることのない戒めを守り抜きなさい。へりくだりの必要を思い起こさせ、あなたがへりくだるのを助けるために、神が内からあるいは外から、友人からあるいは敵から、自然法則によりあるいは恩寵の働きによりもたらされるすべてのものを、感謝をもって受け入れなさい。

謙遜を次のようなものとみなしなさい。すべての徳を生み出す母体、神の御前における第一の義務、たましいの永遠の安全装置であると。そして、すべての祝福の根源として、あなたの心を謙遜に向けなさい。自分を低くする者は高くされる――この約束は神からのものであり、確実なものです。神があなたに求めておられる一つのこと――あなた自身を低くしなさい――を実践するように心がけなさい。神はご自身が約束された一つのことをしてくださるでしょう。すなわち、さらに恵みを注ぎ、時が来ればあなたを高めてくださることでしょう。

人間に対する神の取り扱いには、二つの段階があります。まず第一に、準備の時期です。この段階においては、戒めと約束(それは努力と無力、失敗と部分的成功が混合した経験を伴っており、その経験は私たちのうちにさらにまさったある願望を目ざめさせるのです)が、人々をより高い段階に至らせるために訓練します。次に成就の時が来ます。その時、信仰は約束されたものを受け継ぎ、これまで努力しても得られなかったものを享受するのです。

この原則は、信仰生活のあらゆる面において、そして、すべての個々の徳の追求において適用されます。それは、この原則が、事物の本質の根底をなしているからです。私たちのあがないにかかわるすべてにおいて、神がイニシアチブをとられることが必要です。それがなされたとき、人の番が来るのです。従順と達成のための努力において、私たちは自分自身の無力を知らなければなりません。そして、自分自身に対して完全に死ななければなりません。このようにして、私たちは、神から「終わり」を受けるにふさわしい者とされます。私たちは最初、その「終わり」の完成がどのようなものであるかを知らないまま、その「終わり」の完成を受け入れていたのです。「初め」であられた神は、人が正しく神を知り、あるいは神の目的が何であるかを理解する以前に、「終わり」として、すべてのすべてとして切望され歓迎されておられるのです。

謙遜の探求においても同様です。すべてのキリスト者に対して、へりくだりなさいというご命令が、神の御座からもたらされます。このご命令に耳を傾け、従おうとする熱心な試みは、二つの苦痛に満ちた発見によって報いられます。そうです、報いられるのです。一つは、人の全く知らない高ぶりの深淵――すなわち、自分自身を無価値なものとみなし、また他の人々からそのようにみなされることを嫌う心、神に完全に明け渡すことを嫌う心――がそこにあったかということです。もう一つは、この恐ろしい怪物を滅ぼすための私たちのすべての努力が――そしてそのために神の助けを求めるすべての祈りもまた――何と無力なものであるかということです。

神に望みを置くことを学んでいる人、そして自分自身のうちにあるすべての高ぶりの力にもかかわらず、神と人の前にへりくだり続けることを学んでいる人は幸いです。私たちは、人間性の法則を知っています。行為は慣習を生み出し、慣習は気質をつくり出し、気質は意志を形づくります。そして、正しく形づくられた意志が人格であるのです。恩寵のみわざにおいてもこれと同様です。根強く繰り返された行為が慣習と気質を生み出し、そしてこれらのものが意志を強めるように、みこころのままにわざをなされるお方は、ご自分の力強い御力と御霊をもって来られます。そして、深く罪を悔いた聖徒が高慢な心を砕かれて、しばしば、自らを神の御前に投げ出すとき、謙遜な心の「さらに豊かな恵み」が報いとして与えられます。イエスの御霊は、この謙遜な心をもって高ぶった心を征服し、新しい性質を成熟させられます。そして、柔和で、へりくだったお方が永遠に内住したもうのです。

主の御前でへりくだりなさい。そうすれば、主があなたがたを高くしてくださいます。あなたがたが高められる根拠はどこにあるのでしょうか。被造物の最高の栄光は、器となること、神の栄光を受け、楽しみ、現すことです。そして、そのことだけなのです。被造物は、神がすべてとなられるために、自らが進んで無となることによってのみ、これをすることができます。水は常に、最も低い箇所をまず第一に満たします。人が神の御前に自らを低くし、空になればなるほど、神の栄光の流入はより速やかであり、より十分であるのです。

あなた方を高くするという神の約束は、神ご自身を離れた何か外部的なものではありません。神がお与えにならなければならないもの、神が与えることのできるものは、すべてご自身であり、ご自身をさらに多くお与えになるのです。それは神ご自身がさらに完全に私たちを所有なさるためです。高めることとは、この世の景品のように偶発的だったり、報いられる行為との必然的なつながりがないようなものではありません。それは本質上、私たち自身を低くしたことの効果であり、結果であるのです。それは、神の内住を受けるにふさわしい者とするような、私たちのうちにある聖なる謙遜の賜物であり、神の子羊の謙遜にならい、それを所有することにほかならないのです。

「自分を低くする者は高くされるのです。」このみことばの真実性については、イエスご自身が証明であられます。このみことばが私たちに対して成就されることの確実性については、イエスが保証であられます。私たちはイエスのくびきを負ってイエスから学びましょう。なぜなら、イエスは柔和でへりくだっておられるからです。もし、イエスが私たちに身をかがめられているように、私たちがイエスに進んで身をかがめさえするならば、イエスは、私たち一人びとりに対して再び身をかがめられることでしょう。そして、私たち自身が、イエスとつり合わぬくびきをつけていないことを見いだすことでしょう。イエスの謙遜にさらに深くあずかり、私たち自身へりくだるか、あるいは私たちをへりくだらせる他の人々の行動に耐えるなら、私たちを高める「栄光の御霊、すなわち神の御霊」が、私たちの上にとどまっていてくださることを期待してよいのです（Ⅰペテロ四・一四）。栄光のキリストのご臨在と御力は、へりくだった人々の上にもたらされます。神が、私たちのうちに、ご自身にふさわしい地位を再び占められるとき、神は私たちを引き上げてくださるでしょう。

神のご栄光を、あなたのへりくだりにおける関心事としなさい。神は、あなたの謙遜を完成することにおいて、そしてあなたのうちに永遠のいのちとして御子の御霊を吹き込むことにおいて、あなたの栄光をご自身の関心事としてくださることでしょう。すべてに浸透する神のいのちがあなたをとらえるとき、自分自身のことは何も思わず、何も願わず、なきに等しい者になることほど、あなたにとって自然なこと、甘美なことはなくなるでしょう。なぜなら、あなたのすべては、すべてを満たしたもうお方によって、占められているからです。「私は、キリストの力が私をおおうために、むしろ大いに喜んで自分の弱さを誇りましょう。」（Ⅱコリント一二・九）

主にある友よ。私たちの献身、私たちの信仰が、聖潔の探求においてほとんど役立たない理由は、ここにあるのではないでしょうか。信仰の名のもとにわざがなされていたのは、実は自我によって、自我の力によってであったのです。神が呼び入れられたのは、自我のため、自我の幸福のためであったのです。たましいが喜んでいたのは自我であり、自我の聖潔でした。無意識にであったと言っても、そのことが真実であることに変わりありません。私たちは、謙遜（神と人との関係における私たちの全生活に浸透し、それを特徴づけている、絶対的で永続的な、そしてキリストのような謙遜）が、私たちの求めていた聖潔の生活の最も重要な要素であったということを全く知らなかったのです。

私が私自身を失うのは、神に所有されることによってです。そのことによってのみなのです。空中に浮遊しているちりがどんなに小さいものであるかが明らかになるのは、太陽光線の高さ、広さ、輝きの中においてであるように、謙遜は、神の御前における私たちの地位を、神の愛の光の中にある一片のちりにすぎないものとするのです。

「神は何と偉大であられることでしょう！
私は何と小さい者であることでしょう！
神の愛の広大さの中に失われ、のみ込まれて
私ではなく、神のみがそこにおられる！」

へりくだること、神の御前になきに等しい者となること、このことこそ、信仰生活における最高の到達点であり、最も豊かな祝福であるのです。どうか神が、このことを信じることを教えてくださいますように。神は私たちに語っておられます。「わたしは、高く聖なる所に住み、砕かれた人、へりくだった人とともに住む」（イザヤ五七・一五）と。願わくは、それにあずかることができますように！

「おお、さらにむなしくなること、さらに低くなること、
低い、人目につかない、顧みられない者になること、
そして、神に対して、さらにきよい器、キリストによって満たされ、
キリストのみによって満たされた器となることを、私は願う」

原注

（注1）「これらすべては、次のことを永遠に知らしめるためです。すなわち、高ぶりは最高の御使いたちを悪魔にまで堕落させることができ、謙遜は堕落した血肉を御使いの座にまで高めることができるということを知らしめるためです。神の偉大なご計画は、新しい被造物を堕落した御使いたちの国から起こすことです。このために、堕落した御使いたちの高ぶりと神の子羊のへりくだりとの間に戦いがあります。終わりのラッパは、永遠の深みから、次の偉大な真理を告げるでしょう。悪の始まりは、ほかならぬ高ぶりであり、悪の終わりも、また、高ぶり以外のものではないと。高ぶりはあなたのうちに死なねばなりません。さもないと、天的なものは、全くあなたのうちに生きることができません。これが真理です。真理の旗の下に、聖なるイエスの、柔和で、へりくだった精神に徹しなさい。謙遜が種子をまかねばなりません。さもないと、天国における収穫はないのです。高ぶりを単なるふさわしくない気質とみなしたり、謙遜を単なる上品な徳性とみなしたりしてはなりません。なぜなら、一つは死であり、他は生であるからです。一つは全くの地獄であり、他は全くの天国であるのです。あなたのうちに高ぶりを持っているならば、それだけ、あなたのうちに堕落した御使いを持っているのです。あなたが高ぶりの思いを持つごとに、どのような害悪があなたのたましいにもたらされるかを悟るならば、どのようなことをしてでも、たとい片手片目を失っても、このま

むしをあなたから取り除くことを請い求めるでしょう。謙遜のうちに、何と甘美できよく、事態を一変せしめる力があるかを悟るならば、謙遜がどんなにあなたの性質の毒を駆除し、神の御霊が内住される余地をつくり出すかを悟るならば、この世的な事柄をほんのわずかでも求めるよりは、むしろ全世界の足台となることを願うでしょう」——William Law, *The Sprit of Prayer, Pt. II*, p.73, Edition of Moreton, Canterbury, 1893.

（注2）「私たちは、次の二つのことを知る必要があります。

一　私たちの救いは、私たち自身から、換言すれば私たちの生まれつきの状態から救い出されることに、全面的に基づいていること。

二　事物の本質から考えて、言語に絶する神の謙遜以外のものは、何ものも、私たちにとっての救い、解放となりえないこと。それゆえ、救い主の堕落した人間に対する、第一の、変更しえない条件は、人は、自分自身を否定するのでなければイエスの弟子となることはできないということです。自我が、堕落した性質の悪のすべてなのです。私たちが救われているかどうかは、私たちが自己否定をなしうるかどうかにかかっています。謙遜は私たちを解放します。……自我は、私たちの堕落した状態におけるすべての悪の根であり、枝であり、木であるのです。堕落した御使いたちや人々のすべての悪は、自我の高ぶりの中に生まれます。他方、天的生活におけるすべての徳は、謙遜の徳であるのです。天国と地獄の間に越えることのできない深淵を形づくっているのは、謙遜であり、謙遜のみです。それなら、永遠のいのちを得るための大いなる戦いは、どのようなものでしょうか。また何に基づいているのでしょうか。それは、すべて、高ぶりと謙遜の間の闘争に基づいているのです。高ぶりと謙遜は、二つの支配的な力、人間を永遠に所有するために争っている二つの王国です。そこには、ただ一つの謙遜――キリストの謙遜――があったのであり、それ以外のものは決してありませんでした。そして、将来においても同様です。高ぶりと自我が人間のすべてを所有しています。人間が、キリストからもたらされるすべてを自分自身のすべてとして持つに至るまではそうなのです。それゆえ、人間は、次のような場合にのみ、戦いをりっぱに戦い抜いたのです。すなわち、その戦いによって、人間がアダムから受け継いでいる自己を偶像化して崇拝する性質を、彼のうちに生きて働くものとされたキリストの超自然的な謙遜により、死に至らしめる場合にのみ、です」――William Law, *An Humble, Earnest, and Affectionate Address, to the Clergy*, p.52.

（注3）「自我に対して死ぬこと、自我の力から救い出されることは、私たちが生まれながらの力を持ってなしうる何らかの積極的な抵抗によっては達成されず、達成されえないものです。自我に対して死ぬ唯一の真の道は、忍耐、柔和、謙遜、神への明け渡しです。これが自我に対して死ぬことの真意であり、完成であるのです。……なぜなら、もし私が『神の子羊とは何を意味しますか』とあなたに尋ねるなら、『それは、忍耐、柔和、謙遜、神への明け渡しの完成を意味する』と答えねばならないのではないでしょうか。それゆえ、あなたは、次のように言わなければならないのではないでしょうか。『これらの諸徳を願い、これらの諸徳に信頼することとは、キリストに自分自身をささげる

ことであり、キリストに対する全き信頼を持つことである』と。そして、忍耐、柔和、謙遜、神への明け渡しへのあなたの心の傾きは、あなたが堕落したアダムから受け継いでいるすべてのものを放棄することであるゆえに、それは、また、キリストに従うためにあなたの持っているすべてを完全に捨て去ることであり、キリストを信じるあなたの最高の信仰の行為でもあります。キリストは、これらの諸徳の中以外のどこにもおいでになりません。これらの諸徳がそこにあるとき、キリストは、ご自身の御国のうちにおられます。これを、あなたが従うキリストとしましょう。

きよい愛の霊が、堕落した被造物の中に生まれることは――その被造物が自我に対して死に、神の御力とあわれみに、忍耐強く、謙遜に明け渡すことを決意し、選択するまでは――ありえません。

私は、私の救いを、柔和でへりくだった、忍耐強い、苦難の神の子羊のいさおしと仲保を通して求めます。このお方のみが、これらの天的な諸徳をたましいのうちに生じさせる力を持っておられるのです。柔和な、へりくだった、忍耐強い、明け渡した神の子羊のたましいのうちにおける誕生による以外に、救いの可能性はありません。神の子羊が、ご自身の柔和、謙遜、神への全き明け渡しを、現実に私たちのたましいのうちに生ぜしめられたとき――そのときこそが、私たちのたましいのうちにおける愛の霊の誕生日であるのです。その愛の霊は、私たちが到達したときにはいつでも、私たちのたましいを、私たちがこれまで平安とか喜びとか呼んでいたすべての思い出をぬぐい去ってしまうような平安と喜びをもって、満たしてくださいます。

神へのこの道は、絶対に誤りのない道です。この無謬《むびゅう》性は、私たちの救い主の次のような二重のご性格に基づいているのです。

一　彼は神の子羊であられ、たましいのうちにおける全き柔和と謙遜の原理であられます。

二　彼は天国の光であられ、永遠の自然を祝福し、それを天の御国に転換されます。――私たちが柔和に、へりくだって、進んで私たちのたましいを神に明け渡すとき、キリストが神の光、天国の光として、喜びに満たされて私たちのうちに入って来られ、私たちの暗黒を光に変え、神の国、愛の国を私たちのうちに始めてくださいます。それは決して終わることのないものです」――William Law, *Wholly for God*, pp.84-102. 参照〔この箇所は、神の前に絶えずへりくだることが、人間の側における、自我に死ぬ唯一の道であることを顕著に示しており、注意深く研究するに価する箇所です*。〕

*問答の全部は、William Law 著 *Dying to Self: A Golden Dialogue*（Nisbet & Co.,）という書名で別に出版されています。謙遜について学び、謙遜を実践しようとする人は、この貴重な問答の中に、私たちの謙遜を妨げているものは何であるか、いかにして私たちはそれから救い出されるか、そして神の柔和でへりくだった子羊であられるキリストから謙遜な者にもたらされる愛の霊の祝福がどのようなものであるかということを見いだすでしょう。

謙遜のための祈り

私はここであなたに、すべてのものの真実性をためす、決して誤ることのない試金石を差し上げましょう。それは次のようなものです。

一か月の間だけ、この世から、またすべてのこの世的な会話から離れなさい。あなたは自分のことを（それがどのようなことであっても）書いたり、読んだり、熟考したりしないでください。すべての知性の働きも、感情の働きもやめなさい。そして、あなたの心の力のすべてをあげて、この一か月の間、できるかぎり継続的に次のような祈りをささげなさい。しばしばひざまずいて、この祈りをささげなさい。そして、座しているときも、歩いているときも、立っているときも、常に心のうちで次の一つの祈りを切望し、熱心に神にささげなさい。

「神が、その大いなるよきご意志により、あらゆる種類、あらゆる形式、あらゆる程度の高ぶり――それが悪霊から来たものでも、自分の腐敗した性質から来たものでも――あなたに知らしめ、あなたの心から取ってくださるように。そして神が、あなたのうちに深い謙遜の真理――それは、あなたを神の光にあずからせ、聖霊に満たすものです――を目ざめさせてくださるように。」

苦難の中にある人が、その中から救い出されたいと祈るような誠実さと熱心をもって祈りなさい。そしてこの問題で祈ること以外のあらゆる思いを拒否しなさい。

もしあなたが、このような祈りの精神をもって誠実にあなた自身をささげることができ、またそれを実践するならば、私はあえて次のように断言することができます。たとえあなたが、マグダラのマリアが持っていた悪霊の二倍の数の悪霊をうちに持っているとしても、それらの悪霊はすべてあなたから追い出され、マリアのように、聖なるイエスの足もとに愛の涙を流さないわけにはいかなくなると。――William Law, *The Sprit of Prayer, Pt. II*, p.124.

解　説――キリストの教えが立体的に立ち上がる愛と恵みの書

日本キリスト教団・逗子教会牧師　小宮山剛

『謙遜』という、あまり見栄えのしないタイトルのついたこの本。今から約四十年前の若き日、尊敬する宣教師の勧めがなければ、私は決して手にすることはなかったでしょう。はじめは「はて、謙遜なんて聖書に書いてあったかな?」と思ったほどでした。しかし読み進めていくうちに、聖書に書いてあるどころか、キリストそのお方のご性質であり、教えの核心にあることに目が開かれました。そしてこの本は、はなばなしい奇跡や証しで彩られてはいませんでしたが、静かに私の心をとらえました。

やがて伝道者となった私は、失敗するたびに、この本が思い出されました。そして「へりくだりすぎることはない」という著者の言葉が心に染みました。さらにこんな自分のために、十字架の死に至るまで謙遜に仕えてくださったイエスさまの愛がリアルに感じられ、感謝をもって立ち上がることができたのでした。

聖書で最も大切な徳目は「愛」に違いありません。その上でマーレーは、謙遜こそが、神から与えられる諸徳の根ざす土壌であると述べます。木は根がなければ生長できないように、謙遜がないと成長できないことを示します。また、謙遜の反対が高ぶりであることを、ていねいに説明します。神の与える全き平安と愛、喜びの約束を、私たちが受け取ることを妨げているものが、高ぶり以外の何ものでもないと述べます。また、教会が神の謙遜の欠如のために苦しんでいるといいます。

マーレーは、謙遜とは「単に私たちが全く取るに足らないものであるとの意識」であるとしています。人間は、自分が少しはマシな者だと思いたいものです。あるいは、自分が称賛を受けたいというひそかな心があったりします。そういうところに高ぶりが潜んでいて、キリストの恵みに満たされるのを妨げていることを知らされます。

読んでいると、反発したくなる気持ちが生じるかもしれません。しかしマーレーは、逐一聖書の言葉を思い起こさせ、それが確かにキリストの教えであることを、ていねいに教えていきます。すると、それまではバラバラに感じられていたキリストのみことばや行動が、一つの立体的な統一したものとして立ち上がってきます。マーレーは、信仰と謙遜は、その根本において一つであるといいます。また、謙遜が、卑屈になることではなく、罪と自我からの自由をもたらすものであることを教えます。それは、心にイエスさまが住まわれることによってもたらされるのであると説きます。

そのように本書は、謙遜がどれほど私たち信仰者にとって決定的に重要であるかということを、十二の章に分けてわかりやすく教えてくれます。

そして最後に「謙遜のための祈り」というものが記されています。私は最初、それによって自分が失われてしまうのではないか、と思えたのです。しかし考えてみれば、その祈りが目指す、古い自分に死んでキリストに生きるということは、洗礼そのものの意味ですので、チャレンジしてみる価値があることに違いありません。

謙遜とは真逆で、自我が強く不平不満の多かった私にとって、本書は、読むたびにキリストの救いの恵みを再発見するための最善の手引きとなりました。絶版となっていた本書が再び刊行されることを喜んでいます。

著者のアンドリュー・マーレーは、百年以上前の南アフリカのオランダ改革派の牧師ですが、聖書同様、この書物は少しも色あせるところがありません。世の人々の信仰心が失われ、伝道が壁に突き当たっている現代。マーレーによれば、熱心で信仰的な活動も、謙遜が欠如していたら無力です。本書が、キリストの恵みについて認識を新たにし、私たちが何をなすべきかを知るために非常に有益であるに違いありません。

アンドリュー・マーレー（Andrew Murray）

1828–1917年。南アフリカのオランダ改革派教会の牧師。

南アフリカに牧師の子として生まれ、イギリスとオランダで学ぶ。帰国後ブルーフォンテン教会で牧会する傍ら、巡回牧師として多国移民の教会で奉仕。1860年から４年間ウースター教会で奉仕し、その間にリバイバルが起き、それ以降、多くの霊的書物を書き始めた。ケープタウン教会、ウェリントン教会で牧会。1906年に牧師を辞した後は、ケズィック、ノースフィールド聖会や世界の伝道大会で説教者として活躍した。その生涯の著書は240冊にものぼる。祈りの人であり、神との個人的なディボーションを通して得る喜びと交わりが人生で最も大切なことだとの確信から、神にすべてを任せて生きることを求め続けた。

＊本書は、1985年に刊行された版の聖句を『聖書 新改訳2017』に変更し、若干の編集・修正と新たに解説を加えたものです。

謙遜

2023年5月10日発行

著　者　アンドリュー・マーレー
訳　者　松代幸太郎
印　刷　日本ハイコム株式会社
発　行　いのちのことば社
〒164-0001 東京都中野区中野2-1-5
TEL03-5341-6923／FAX03-5341-6932
e-mail:support@wlpm.or.jp
http://www.wlpm.or.jp

Printed in Japan
乱丁落丁はお取り替えします
ISBN 978-4-264-04418-5

ニュークラシック・シリーズの刊行にあたって

いのちのことば社は創立以来今日まで、人々を信仰の決心に導くための書籍、信仰の養いに役立つ書籍の出版を続けてきました。このたび創立七十周年を迎えるにあたり、過去に出版された書籍の中から、「古典」と目されるものや、将来的に「古典」となると思われるものを、読者の皆様のご意見を参考にしながら厳選し、シリーズ化して順次刊行することにいたしました。聖句は原則として「聖書 新改訳2017」に差し替え、本文も必要に応じて修正します。

今の時代の人々に読んでいただきたい、今後も読み継がれていってほしいとの願いを込めて、珠玉のメッセージをお届けします。

二〇二〇年